JIYU RUANYINGJIAN DE

QICHE SHUJU ANQUAN BAOHU JISHU

基于软硬件的汽车数据安全保护技术

解彦曦 等◎著

安徽师范大学出版社
ANHUI NORMAL UNIVERSITY PRESS
·芜湖·

图书在版编目(CIP)数据

基于软硬件的汽车数据安全保护技术 / 解彦曦等著. —芜湖:安徽师范大学出版社,2024.4

ISBN 978-7-5676-6467-8

Ⅰ.①基… Ⅱ.①解… Ⅲ.①汽车－智能通信网－数据处理－安全技术 Ⅳ.①U463.67

中国国家版本馆CIP数据核字(2023)第197715号

基于软硬件的汽车数据安全保护技术

解彦曦 吴志新 景晓军 董长青 韩天钺◇著

责任编辑:祝凤霞 李子旻   责任校对:阎 娟

装帧设计:张德宝   责任印制:桑国磊

出版发行:安徽师范大学出版社

　　　　芜湖市北京中路2号安徽师范大学赭山校区　　邮政编码:241000

网　　址:http://www.ahnupress.com

发 行 部:0553-3883578　5910327　5910310(传真)

印　　刷:安徽联众印刷有限公司

版　　次:2024年4月第1版

印　　次:2024年4月第1次印刷

规　　格:700 mm ×1 000 mm　　　1/16

印　　张:9.75

字　　数:120千字

书　　号:ISBN 978-7-5676-6467-8

定　　价:49.00元

目　录

.

第一章

汽车数据安全概述

第一节 汽车数据安全行业现状

一、数据推动智能网联汽车发展

智能网联汽车是指搭载先进的车载传感器、控制器、执行器等装置，并融合现代通信与网络技术，实现车与车、路、人、云端等智能信息交换、共享，具备复杂环境感知、智能决策、协同控制等功能，可实现安全、高效、舒适、节能行驶的新一代汽车。

随着互联网+的发展，云计算、大数据、人工智能与现代制造业相结合，创新性地促进了智能网联汽车产业的发展。相关机构对2019—2025年中国智能网联汽车行业市场规模趋势进行了预测[①]，如图1所示。

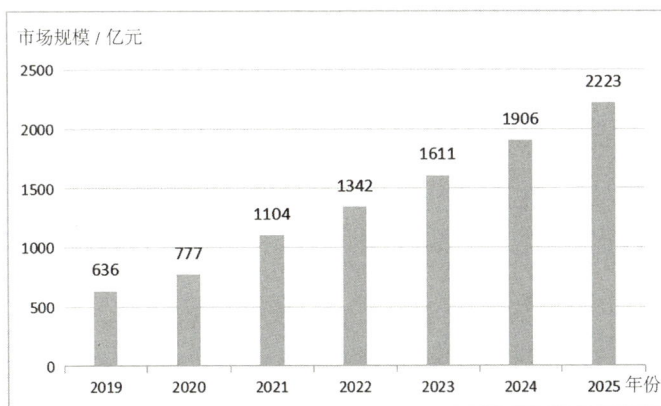

图1 2019—2025年中国智能网联汽车行业市场规模趋势预测

①资料来源：中国信息通信研究院观知海内咨询整理。

智能网联汽车涉及的数据，不仅有车与车、车与道路基础设施等互联互通数据，还包括驾驶人、乘车人、车外人员等个人信息，以及车辆的行车轨迹、音频、视频、图像、地理信息数据等。据统计，一辆智能网联汽车每天会产生大约 10 TB 的数据。对于高级别自动驾驶（L4 和 L5），数据更是企业构建和迭代自动驾驶模型的必需生产要素，是企业商业化进展的核心决定因素。因此，智能网联汽车逐步由软件及数据来驱动和定义。

2021 年 9 月 1 日起正式施行的《中华人民共和国数据安全法》中明确指出，数据安全是指通过采取必要措施，确保数据处于有效保护和合法利用的状态，以及具备保障持续安全状态的能力。2021 年 10 月 1 日起施行的，由国家互联网信息办公室、国家发展和改革委员会、工业和信息化部、公安部、交通运输部五部门联合发布的《汽车数据安全管理若干规定（试行）》中明确指出，汽车数据，包括汽车设计、生产、销售、使用、运维等过程中的涉及个人信息数据和重要数据。因此，汽车数据安全是指通过采取必要措施，确保汽车设计、生产、销售、使用、运维等过程中产生的数据，以及过程中的涉及个人信息数据和重要数据，均处于有效保护和合法利用的状态，以及具备保障持续安全状态的能力。

近几年，快速增长的数据量与数据存储和处理方式的新技术，为政府主管部门以及企业自身带来了广泛的机会。智能网联汽车的各类数据逐渐服务于政府主管部门的监管工作，汽车功能、性能、环保、安全方面的优化和改进，基本实现了对数据的有效应用。但不断增长的数据量、数据存储和处理技术的变化，以及数据潜在的安全等问题也同时带来了巨大挑战。数据的合规处理，有利于数据资源的开发利用和开放共享，有助于推动自动驾驶技术的产品研发和服务创新，能够进一步促进智能网联汽车产业高质量发展。

二、汽车数据安全发展现状

（一）政府统筹智能网联汽车产业发展与数据安全保护

2021年7月5日，国家互联网信息办公室、国家发展和改革委员会、工业和信息化部、公安部、交通运输部五部门联合发布《汽车数据安全管理若干规定（试行）》，明确了汽车重要数据范围，为汽车领域个人信息保护工作明确了基本原则，并倡导汽车数据处理者在开展汽车数据处理活动中坚持车内处理、默认不收集、精度范围适用、脱敏处理的原则。2021年7月30日，工业和信息化部发布《关于加强智能网联汽车生产企业及产品准入管理的意见》，明确企业应当建立健全汽车数据安全管理制度，依法履行数据安全保护义务。2021年9月15日，工业和信息化部印发了《关于加强车联网网络安全和数据安全工作的通知》，要求加强数据分级分类管理，提升数据安全技术保障能力，规范数据开发利用和共享使用，并强化数据出境安全管理。

(二)汽车数据安全法律监管逐步完善

美国以及欧洲等国家和地区均将汽车数据安全作为其数据安全监管的重点对象，部分国家已经出台针对汽车数据安全的法律文件。美国的汽车数据安全管理遵循《隐私权法》《电子通信隐私法》《加利福尼亚消费者隐私法案》等法律法规及地方法案的相关要求。2018年5月25日，欧盟《通用数据保护条例》（以下简称《条例》）正式生效。在《条例》的基础上，针对汽车数据安全管理进一步出台了《车联网个人数据保护指南》，围绕车内处理、持续告知、方便撤回同意等原则，提出生物特征、位置轨迹等敏感个人信息的保护要求。

我国高度重视重要数据以及个人信息保护工作。2017年6月1日，《中华人民共和国网络安全法》正式施行，首次从法律层面明确了重要数据安全和个人信息保护的要求；2021年9月1日，《中华人民共和国数据安全法》正式施行，明确国家数据安全基本制度体系，提出加强重要数据安全保护；2021年11月1日，《中华人民共和国个人信息保护法》正式施行，对个人信息的内涵、外延，以及保护要求、方法、机制进一步提出了要求。三部法律相辅相成，为我国汽车数据的合理开发和利用提供了顶层方针，基本形成数据安全的保护体系。

(三)汽车数据标准陆续出台,体系逐渐健全

2020年3月6日，全国信息安全标准化技术委员会发布了GB/T35273—2020《信息安全技术　个人信息安全规范》，并于2020年10月1日实施。2021年4月，全国汽车标准化技术委员会正式开展GB/T《智能网联汽车数据通用要求》（草案）的编制工作，对智能网联汽车数据的分类分级提出了具体要求。2021年10月19日，全国信息安全标准化技术委员会针对GB/T《信息安全技术　汽车采集数据的安全要求》面向全社会公开征求意见。《信息安全技术　汽车采集数据的安全要求》作为《汽车数据安全管理若干规定（试行）》的支撑标准，定义了车外数据、座舱数据、运行数据和位置轨迹数据四类数据，对上述数据在传输、存储、出境方面提出了具体要求。2021年10月29日，国家互联网信息办公室发布《数据出境安全评估办法（征求意见稿）》，全面、系统地提出了我国数据出境"安检"的具体要求，以促进数据跨境安全、自由流动。

数据跨境试点应用等措施积极推进汽车数据发展。2020年8月2日，国务院批复同意在北京、上海等28个省、市（区域）全面深化服务贸易创新发展试点，全面深化试点期限为3年。2020年11月5日，上海市人民政府办公厅发布《上海市全面深化服务贸易创新发展试点实施方案》（以下简称《实施方案》），并明确了一系列举措。《实施方案》提出在临港新片区开展汽车产业等领域数据跨境流动安全评估试点，推动建立数据保护能力认证、

数据流通备份审查、跨境数据流动和交易风险评估等数据安全管理机制，以及探索数据服务采集、脱敏、应用、交易、监管等规则和标准，推动数据资产的商品化、证券化，探索形成大数据交易的新模式，最终推动数据跨境安全有序流动。除此之外，一些路测、风险评估和风险管控相关试点的工作也都在推进过程当中。政府通过开展试点示范的工作，总结优秀的做法和经验，促进汽车数据后续的流动共享和应用推广。

(四)企业积极建设数据安全体系

数据相关领域新法频繁出台，监管要求愈发严格。企业数据安全合规体系建设不仅仅成为企业现阶段亟待解决的问题，更可以成为企业产品力、生命力的重要组成部分。为降低数据安全相关风险，从汽车企业到相关技术研究机构纷纷采取应对措施，例如建立健全企业数据管理制度，搭建汽车安全监测平台，建立覆盖车端、云端、通信管道以及移动端等全链条的信息安全体系，加大数据安全方面投入，加强研究数据合规的技术方案，等等。此外，按照《汽车数据安全管理若干规定（试行）》要求，个人信息或者重要数据应当依法在境内存储，特斯拉、宝马、福特等跨国车企已在中国建立数据中心，以实现数据存储的本地化。由于现阶段数据安全合规的相关法律体系尚在完善和细化，合规实践尚未形成，而企业数据安全合规体系又包含大量产品、系统及技术的改造，因此搭建难度较高。

第二节　汽车数据安全监管现状

一、国际数据安全标准政策

(一)2021年德国《联邦政府数据战略》

2021年1月27日，德国联邦政府发布《联邦政府数据战略》，希望通过数据战略，在欧洲的商业、科学、社会和行政管理等领域大幅增加创新力度和负责任的数据交付与使用频次，确保公平参与，持续打击数据滥用。

该数据战略确立了四大行动领域，分别是构建高效且可持续的数据基础设施，促进数据创新并负责任地使用数据，提高数字能力并打造数字文化，加强国家数字治理，并对每个行动领域进行细化，分析各细分项目的发展现状和主要目标，提出了240余条具体措施。

以个人数据的框架条件为例，于2016年完成立法程序，2018年正式生效的欧盟《通用数据保护条例》（General Data Protection Regulation，GDPR），重新制定了数据保护要求，并在欧盟范围内建立了适应数字化的高等级、统一的数据保护标准。但是该条例在实施过程中存在一些问题，如德国国内对数据保护条例存在相互矛盾的解释，欧盟内部不同监管机构对数据保护的理解也存在差异。因此，为了能更加负责任地处理个人数据，确保数据保护法能够得到执行，该数据战略从法律确定性与匿名化和技术数据保护方面分别提出了具体措施，包括提倡联邦和州的数据保护监督机构就国家重要性数据保护问题进行密切合作，使用技术解决方案使数据主体更容易行使其数据主权，致力于在欧洲层面对数据保护进行统一的解释，推广匿名处理程序和方法等。

通过实施该数据战略，德国联邦政府旨在增加商业、科学、社会和行政管理领域中数据的收集和使用，打造数字文化，发起国家数字化教育行动，确保公平参与和防止数据垄断，增强德国国家层面的数字能力，使其成为欧洲数据共享和创新应用领域的领导者。

(二)2022年欧盟《数据治理法案》

作为"欧盟数据战略"的重要组成部分，《数据治理法案》的建议稿于2020年11月25日由欧盟委员会通过，于2022年4月6日由欧洲议会通过，最终于2022年5月16日由欧洲理事会批准正式获得通过。经欧洲议会主席和欧洲理事会主席签署后，《数据治理法案》在《欧盟官方公报》上公布，并在公布后20天生效。

该法案旨在支持数据经济，促进数据的可用性，并为数据用于研究和创新的服务和产品建立一个值得信赖的环境，使得某些类别的受保护的公共部门数据可再利用，增加对数据中介服务的信任，并促进整个欧盟的数据利他主义。该法案为公共部门数据、数据中介服务和数据利他主义组织建立了保障措施，防止非个人数据的非法国际转移或政府访问。

其主要内容包括以下几个方面：

建立一个统一的使公共部门数据能够安全再利用的治理机制。在禁止排他性的前提下，可以允许自然人或法人在公共部门提供的安全处理环境中重新使用此类数据，当然这些数据也受制于他人的权益，包括商业秘密、个人数据和受知识产权保护的数据。公共部门必须建立技术手段和法律援助来确保隐私和保密性得到充分保护。委员会将建立一个欧洲单一接入点，提供可搜索的公共部门数据电子登记册。该电子登记册将通过国家单一信息点提供。

创建了新的商业模式——数据中介服务商，使得公司和个人能够共享数据。通过使用这些服务，公司能够分享他们的数据，而不必担心数据被滥用或失去其竞争优势。对于个人数据，数据中介服务商将帮助数据持有人行使《通用数据保护条例》规定的权利，使数据得到有效控制，并能通过个人信息管理工具实现与持有人信任的公司数据分享。数据中介服务商需要列入一个登记册，以便他们的客户知道他们、信任他们。服务提供者不被允许将共享的数据用于其他目的。否则，他们将不能从数据中获益，例如不能通过直接出售数据获益，但他们可以对与提供的数据所进行的有关交易收费。

个人和公司为公共利益自愿提供数据，如医学研究项目。寻求普遍利益的目标收集数据的实体可以要求被列入一个公认的数据利他主义组织的国家登记册中。注册组织将在整个欧盟范围内得到认可。如果一个组织想被认可为《数据治理法案》下的数据利他主义组织，它必须遵守特定的规则。

以标识形式的自愿认证将使人们更容易识别合规的数据中介服务商和数据利他主义组织。新建立的机构，即欧洲数据创新委员会，其目的是加强数据中介服务的互操作性，并发布关于如何促进数据空间发展的指导方针，以及其他任务。

(三)2022年欧盟《数据法案》草案

2022年2月，欧盟发布了《关于公平访问和使用数据的统一规则的条例》（也称《数据法（提案）》）的草案，作为实现"欧盟数据战略"的第一份落地文件。该法案旨在确保数据经济的相关方之间能公平分配数据的价值，并促进对数据的访问和使用。

草案涉及数据共享、公共机构访问、国际数据传输、云转换和互操作性等方面规定。其中，为了让数据共享和使用更加容易，《数据法（提案）》将强制亚马逊、微软或特斯拉等科技巨头分享更多数据。

草案规定了可以使用和访问欧盟所有经济部门生成的数据的

对象，从而确保数字环境的公平性，刺激竞争激烈的数据市场，为数据创新驱动提供机会，并使所有人更容易获得数据。草案的重点内容主要包括三个方面：一是界定了公共部门使用数据主体的相关数据的权利和约束，完善了企业对政府（B2G）数据共享规则的结构和专用功能；二是系统构建了企业对企业（B2B）数据共享的权责体系和实现路径，切实推动产业价值链上的企业数据流动与共享；三是在合同公平、数据交换、云服务互操作、数据跨境、中小微企业豁免等方面进行了切实可行的详细规定，形成了强有力的落地实施保障。

草案解决了数据未能被充分利用的法律、经济和技术等相关问题，并将使更多的数据被重新使用，预计到2028年将创造2700亿欧元的额外生产总值。总体而言，《数据法（提案）》不仅仅关于数据共享，因为数据流动不是一个简单的从A系统向B系统流动的技术问题，将该法案置于现实当中，需要对诸多的政治（例如数据本土化存储）、经济（例如对价和受偿）和法律（例如知识产权保护）关系给予充分的重视。因此，在《数据治理法案》解决了数据的目的地问题之后，《数据法（提案）》旨在处理数据流动的复杂性，尤其是数据背后的权力关系可能导致的整个流动和共享过程被挟持、扭曲，甚至被滥用。因此，"公平性"的大旗被举起，法案中若干治理机制都以此为目标。

草案适用于以下范围：

在欧盟销售的产品及服务相关方（包括制造商、供应商、用户）；

向欧盟内接收方提供数据的数据持有者；

欧盟内数据接收者；

根据公共利益执行任务而向公共部门或机构提供数据的数据持有者；

向欧盟用户提供数据处理服务的供应商。

草案的主要内容包括：

产品设计要求：产品或服务提供方有义务使产品或服务使用产生的数据在安全和适当的情况下容易被用户直接获取，并在合同里明确相关信息。

数据共享义务：用户可以要求产品或服务提供方在基于GDPR的基础上向用户或用户指定的第三方（不包括任何提供核心平台服务的企业）开放因使用产品或服务产生的关联数据，但不得用于开发与数据来源的产品相竞争的产品。数据持有者只能根据合同约定使用因用户使用产品或服务产生的任何非个人数据。涉及商业秘密如何披露应另有合同约定。

数据共享要求：数据持有者为数据接收者提供数据而签订的合同应公平，且规定了不公平条款的内容。向其他企业提供数据而商定的补偿应合理，向符合2003/361/EC建议书附件第2条规定的小中型企业提供数据商议的补偿不得超过其提供数据直接产生的成本。明确了政府机构请求数据持有者提供相关数据的条件及要求。

云切换要求：数据处理服务提供者应能满足用户提出的在不同云服务之间切换以及将所有云服务移植到本地的要求。该要求适用于广泛的云服务，包括合同保障，并将转换过程的持续时间限制为30天，逐步取消任何转换费用，以及确保发起和检索云服务之间功能等效的义务。

国际数据传输：严格控制云服务国际数据共享，云服务提供商应防止违反欧盟或成员国法律的任何国家访问或传输在欧盟持有的非个人数据。

数据互操作性：数据空间运营者应遵守数据内容、格式、技术手段等影响数据流通互操作性的要求，并指出数据处理服务相关标准建设应考虑"应用兼容性、数据可携带性"等。

与GDPR相比，该草案在符合GDPR的基础上，主要增加了用户、第三方、公共机构等针对非个人数据利用的相关权利、义务及管理要求，强调了数据持有者以及产品或服务提供商对于产品设计、数据共享、数据转化等义务，并规定了向小中型企业提供数据的补偿限值。

(四)2022年欧盟《数字市场法案》

2020年12月，欧盟委员会公布了《数字市场法案》草案。2022年3月欧洲议会与欧盟理事会就此达成一致。

出台《数字市场法案》是欧盟发展数字战略，实现数字主权和建立规则体系的重要举措之一。该法案旨在明确大型数字服务提供者的责任，防止后者利用自身影响实施恶性竞争的行为，确保数字市场的公平和开放。

法案所规制的大型数字服务提供者是指考虑企业的市值、营业额、用户数、市场进入壁垒等方面的情况，对互联网市场有显著影响力，并且拥有稳固行业地位的大型互联网企业。所涉及的服务领域包含网络社交、在线搜索、视频分享、网络浏览、操作系统、云计算等核心平台业务。从目前草案设置的大型数字服务提供者的门槛来看，例如市值超过750亿欧元、在欧盟年销售额达到75亿欧元、拥有4500万终端月活用户等，仅有谷歌、苹果、亚马逊、微软和Meta等少数公司列入监管范围。

这些企业利用自身优势地位进行恶性竞争行为将被禁止，例如在其平台上的排名中额外照顾自有产品和服务、跨业务合并处理个人数据、禁止用户卸载预装软件、禁止用户使用本平台以外的产品等。该法案的核心目的是让个人用户有更多选择，为商业用户提供更多机会。

如企业违反法案规定，则面临的罚金可能高达其全球范围营业额的10%，并且在多次违规的情况下，罚金最高可达其全球范围营业额的20%。

该法案的实施可能会重塑应用商店、在线广告、电子商务和其他日常数字工具的运营方式，改变大型科技公司现有的核心业务和商业模式。

（五）2022年欧盟《数字服务法案》

2022年4月23日，欧洲议会和欧盟成员国就欧盟委员会于2020年12月提出的《数字服务法》草案达成政治协议，即《数字服务法案》。欧盟机构此后将就技术细节和法案正式文本进行协商，法案将在获欧洲议会和欧盟理事会正式通过后生效。

欧盟委员会当天发表声明称，该法案针对相关在线平台非法和有害内容事宜制定了追责新标准，它将更好地保护用户及其基本权利。声明援引欧盟委员会主席冯德莱恩的话说：该法案将升级在线服务的基本规则，确保在线环境安全，促使"线下违法行为，在线上依然违法"的原则取得实效。

《数字服务法案》建立了欧盟内部针对不同类型服务（中介服务、托管服务、在线平台服务和超大型在线平台服务）的分层责任框架，从内容及形式等方面规范数字平台提供的服务，加强数字平台在打击非法内容和虚假信息及其传播方面的责任意识。对规范超大型在线平台、搜索引擎投送广告、内容推送及保护未成年人提出更高要求。为平台设定明确、统一的义务以及与平台规模、影响和风险成比例的处罚标准。

该项法案展现了欧盟捍卫数字治理边界的决心，更是在数字内容治理上取得了机制性突破。随着法案的落地，欧盟数字治理架构进一步完善。

二、国内数据安全标准政策

数据经济时代，汽车产业的产品形态及商业模式正在经历重大变革，从传统机械结构到电动化、智能化，大数据在不断提高服务质量、改善用户体验以及帮助企业扩大业务范围的同时，也面临个人信息泄露，数据使用对国家安全、组织、个人造成危害等突出问题。国家针对数据安全及数据有效使用出台了一系列的法律法规及规章制度。

(一)法律法规

1.《中华人民共和国民法典》

2020年5月28日，第十三届全国人民代表大会第三次会议通过《中华人民共和国民法典》(以下简称《民法典》)，自2021年1月1日施行。《民法典》规定自然人享有隐私权，自然人的个人信息受法律保护。《民法典》第四编第六章《隐私权和个人信息保护》对自然人隐私权和个人信息权进行了规定。

《民法典》第111条规定，自然人的个人信息受法律保护。任何组织或者个人需要获取他人个人信息的，应当依法取得并确保信息安全，不得非法收集、使用、加工、传输他人个人信息，不得非法买卖、提供或者公开他人个人信息。

　　《民法典》第1034条规定了"个人信息"的范围：以电子或者其他方式记录的能够单独或者与其他信息结合识别特定自然人的各种信息，包括自然人的姓名、出生日期、身份证件号码、生物识别信息、住址、电话号码、电子邮箱、健康信息、行踪信息等。

　　《民法典》第1035条规定了处理个人信息应当遵循的原则和条件，并将个人信息处理的范围规定为"收集、存储、使用、加工、传输、提供、公开等"。

　　《民法典》第1036条对处理个人信息行为的免责事由进行了规定。行为人在满足"自然人或者其监护人同意的范围内合理实施的行为""合理处理该自然人自行公开的或者其他已经合法公开的信息，但是该自然人明确拒绝或者处理该信息侵害其重大利益的除外""为维护公共利益或者该自然人合法权益，合理实施的其他行为"等条件之一时，可以免于承担民事责任。对信息处理者应当遵守的强制性规范进行了规定，信息处理者应当采取措施保障个人信息安全，不得实施泄露、篡改、向他人非法提供等行为。

　　《民法典》第1038条规定了信息处理者不得泄露或者篡改其收集、存储的个人信息；未经自然人同意，不得向他人非法提供其个人信息，但是经过加工无法识别特定个人且不能复原的除外。信息处理者应当采取技术措施和其他必要措施，确保其收集、存储的个人信息安全，防止信息泄露、篡改、丢失；发生或者可能发生个人信息泄露、篡改、丢失的，应当及时采取补救措施，按照规定告知自然人并向有关主管部门报告。

2.《中华人民共和国数据安全法》

2021年6月10日，第十三届全国人民代表大会常务委员会第二十九次会议通过《中华人民共和国数据安全法》（以下简称《数据安全法》），自2021年9月1日施行。《数据安全法》是中国实施数据安全监督和管理的一部基础法律，适用于在中华人民共和国境内开展的数据处理活动及其安全监管。该法坚持总体国家安全观，聚焦数据安全领域的突出问题，确立了数据分类分级管理，建立了数据安全风险评估、监测预警、应急处置、数据安全审查等制度，明确了相关主体的数据安全保护的义务和权益。同时，鼓励数据依法合理有效利用，促进以数据为关键要素的数字经济发展。

《数据安全法》的施行有利于管理好、利用好数据资源，形成全社会共同维护数据安全和促进发展的良好环境。一是有利于构建实质有效的个人信息和数据安全合规体系，为个人信息安全提供保护依据，减少个人隐私数据的泄露，切实保护中国企业和公民的信息及数据安全合法权益。二是促进以数据为核心资源的相关行业发展，尤其是5G、人工智能、云计算、大数据、区块链等数字经济产业的健康发展。三是稳步推进数字强国建设，通过构建数据安全保障体系，充分发挥数据的基础资源作用和引擎作用，形成数字经济创新发展、传统产业数字化转型加快推进、新业态新模式不断涌现的数字强国建设新局面。

作为纲领性法律，《数据安全法》也为汽车产业后续制定相关配套细则、规范、标准指明了方向。智能网联汽车不仅包含汽车的属性，同时也是集合各类传感器和操作系统的智能终端，在使用过程中将产生大量数据，故应基于《数据安全法》完善汽车数据安全保护体系，提升汽车数据安全水平。

《数据安全法》第3条对"数据""数据处理"和"数据安全"进行了定义。"数据"，是指任何以电子或者其他方式对信息的记录。"数据处理"，包括数据的收集、存储、使用、加工、传输、提供、公开等。"数据安全"，是指通过采取必要措施，确保数据处于有效保护和合法利用的状态，以及具备保障持续安全状态的能力。

《数据安全法》第21条规定，国家建立数据分类分级保护制度，根据数据在经济社会发展中的重要程度，以及一旦遭到篡改、破坏、泄露或者非法获取、非法利用，对国家安全、公共利益或者个人、组织合法权益造成的危害程度，对数据实行分类分级保护。国家数据安全工作协调机制统筹协调有关部门制定重要数据目录，加强对重要数据的保护。

关系国家安全、国民经济命脉、重要民生、重大公共利益等数据属于国家核心数据，实行更加严格的管理制度。

各地区、各部门应当按照数据分类分级保护制度，确定本地区、本部门以及相关行业、领域的重要数据具体目录，对列入目录的数据进行重点保护。

《数据安全法》第23条规定，国家建立数据安全应急处置机制。发生数据安全事件，有关主管部门应当依法启动应急预案，采取相应的应急处置措施，防止危害扩大，消除安全隐患，并及时向社会发布与公众有关的警示信息。

《数据安全法》第24条规定，国家建立数据安全审查制度，对影响或者可能影响国家安全的数据处理活动进行国家安全审查。依法作出的安全审查决定为最终决定。

《数据安全法》第四章对开展数据处理活动等应当履行的数据安全保护义务进行了规定。其中，第27条规定，开展数据处理活动应当依照法律、法规的规定，建立健全全流程数据安全管理制度，组织开展数据安全教育培训，采取相应的技术措施和其他必要措施，保障数据安全。利用互联网等信息网络开展数据处理活动，应当在网络安全等级保护制度的基础上，履行上述数据安全保护义务。重要数据的处理者应当明确数据安全负责人和管理机构，落实数据安全保护责任。第29条规定了数据处理者的风险监测和补救义务，以及数据安全事件发生时及时告知用户和报告有关主管部门的制度。第30条规定了重要数据处理者的风险评估和向有关主管部门报送风险评估报告制度。第31条规定关键信息基础设施的运营者在中华人民共和国境内运营中收集和产生的重要数据的出境安全管理，适用《中华人民共和国网络安全法》的规定；其他数据处理者在中华人民共和国境内运营中收集和产生的重要数据的出境安全管理办法，由国家网信部门会同国务院有关部门制定。

《数据安全法》第六章规定了违反相关义务的法律责任，责任内容涵盖民事、行政、刑事等方面；处罚主体既包括开展数据处理活动的组织、个人，也包括直接负责的主管人员和其他直接责任人员。

3.《交通运输政务数据共享管理办法》

2021年4月6日，交通运输部印发《交通运输政务数据共享管理办法》，以规范交通运输政务数据共享，推动交通运输数字政府建设，加快建设交通强国。政务数据共享是建设数字政府的重要内容，对于提高国家治理体系和治理能力现代化水平，推动经济社会发展，服务企业和人民群众具有重要作用。《交通运输政务数据共享管理办法》明确了交通运输政务数据的共享类型（无条件共享、有条件共享和不予共享）和划分要求，提出通过交通运输部共享平台进行共享，由交通运输部科技主管部门负责建立政务数据共享监督评估制度，组织开展政务数据检查和共享评估工作，并由政务部门按照"谁管理、谁负责"和"谁使用、谁负责"的原则建立健全政务数据安全保障机制，确保安全合规使用政务数据。

《交通运输政务数据共享管理办法》第7条规定了政务数据共

享类型划分应遵循以下要求：

（一）经脱密处理的交通运输基础设施空间和属性信息，以及运载工具基本信息、从业企业基本信息、从业人员基本信息、行政许可信息、执法案件结果信息、信用信息等基础数据是政务部门履行职责的共同需要，必须接入部共享平台实现集中汇聚、统筹管理、及时更新，供政务部门无条件共享使用。

（二）列入有条件共享类的政务数据，提供部门应明确共享条件。

（三）列入不予共享类的政务数据，提供部门应出具国家相关法律法规或政策制度依据。

（二）部门规章

1.《汽车数据安全管理若干规定（试行）》

2021年7月5日，国家发展和改革委员会、工业和信息化部、公安部、交通运输部、国家互联网信息办公室五部门联合发布《汽车数据安全管理若干规定（试行）》（以下简称《规定》），自2021年10月1日起施行。

《规定》倡导汽车数据处理者在开展汽车数据处理活动中坚持车内处理、默认不收集、精度范围适用、脱敏处理的原则。作为我国汽车行业数据安全领域的重要法规，《规定》确立了汽车行业数据安全及治理的基本框架，不仅明确、细化了汽车数据处理者、汽车数据处理、个人信息和敏感个人信息等重要概念，也提出了落实网络安全等级保护制度、汽车数据依法合理有效利用、告知用户数据收集的形式和用途、取得个人同意或符合法律规定、合法处理敏感个人信息、按规定风险评估并提交报告以及重要数据依法境内存储等几个方面的具体要求。《规定》起到了规范各企业数据处理活动，加强汽车产业数据安全保障，保护个人、组织合法权益的作用。

《规定》第2条规定：在中华人民共和国境内开展汽车数据处理活动及其安全监管，应当遵守相关法律、行政法规和本规定的要求。

《规定》第9条规定：汽车数据处理者处理敏感个人信息，应当符合以下要求或者符合法律、行政法规和强制性国家标准等其他要求：

（一）具有直接服务于个人的目的，包括增强行车安全、智能驾驶、导航等；

（二）通过用户手册、车载显示面板、语音以及汽车使用相关应用程序等显著方式告知必要性以及对个人的影响；

（三）应当取得个人单独同意，个人可以自主设定同意期限；

（四）在保证行车安全的前提下，以适当方式提示收集状态，为个人终止收集提供便利；

（五）个人要求删除的，汽车数据处理者应当在十个工作日内删除。

2.《车联网网络安全和数据安全标准体系建设指南》

2021年6月21日，工业和信息化部就《车联网（智能网联汽车）网络安全标准体系建设指南》（征求意见稿）公开征求意见，2022年3月7日发布《车联网网络安全和数据安全标准体系建设指南》（以下简称《指南》）。《指南》提出了车联网（智能网联汽车）网络安全标准体系框架、重点领域及方向，包括总体与基础共性、终端与设施网络安全、网联通信安全、数据安全、应用服务安全、安全保障与支撑六个部分。

数据安全标准主要规范智能网联汽车、车联网平台、车载应用服务等数据安全和个人信息保护要求，包括通用要求、分类分级、出境安全、个人信息保护、应用数据安全五类。

通用要求标准主要规范车联网可采集和处理的数据类型、范围、质量、颗粒度等，包括数据最小化采集、数据安全存储、数据加密传输、数据安全共享等标准。

分类分级标准主要规范车联网数据分类分级保护要求，制定数据分类分级的维度、方法、示例等标准，明确重要数据类型和安全保护要求。

数据出境安全标准主要规范车联网行业依法依规落实数据出境安全要求，包括数据出境安全评估要点、评估方法等标准。

个人信息保护标准主要规范车联网用户个人信息保护机制及相关技术要求，明确用户敏感数据和个人信息保护的场景、规则、技术方法，包括匿名化、去标识化、数据脱敏、异常行为识别等标准。

应用数据安全标准主要规范车联网相关应用所开展的数据采集和处理使用等活动，包括车联网平台、网约车、车载应用程序等数据安全标准。

3.《智能网联汽车道路测试与示范应用管理规范（试行）》

2021年7月27日，工业和信息化部、公安部、交通运输部联合印发《智能网联汽车道路测试与示范应用管理规范（试行）》（以下简称《管理规范》），自2021年9月1日起施行。

《管理规范》规定，道路测试车辆、示范应用车辆是指申请用于道路测试、示范应用的智能网联汽车，包括乘用车、商用车辆和专用作业车，不包括低速汽车、摩托车，应具备车辆状态记录、存储及在线监控功能，能实时回传下列第①至④项信息，并自动记录和存储下列各项信息在车辆事故或失效状况发生前至少90秒的数据，数据存储时间不少于1年。记录信息包含：①车辆标识（车架号或临时行驶车号牌信息等）；②车辆控制模式；③车辆位置；④车辆速度、加速度、行驶方向等运动状态；⑤环境感知与响应状态；⑥车辆灯光、信号实时状态；⑦车辆外部360度视频监控情况；⑧反映驾驶人和人机交互状态的车内视频及语音监控情况；⑨车辆接收的远程控制指令（如有）；⑩车辆故障情况（如有）。

由此可见，在智能网联汽车产业发展中，汽车相关的数据记录对智能网联汽车的事故及故障判定有较大帮助，汽车数据帮助企业对产品进行故障及失效分析，有利于产业发展。

(三)标准规范

2021年4月27日，中国互联网协会发布了T/ISC-0011-2021《数据安全治理能力评估办法》（团体标准）（以下简称《办法》）。《办法》从数据安全战略、数据生命周期安全和基础安全三方面对数据安全治理能力提出了要求。其中，数据安全战略包含数据安全规划和机构人员管理两方面；数据生命周期安全包括数据采集、传输、存储、备份与恢复、使用、处理环境、内部共享、外部共享和销毁；基础安全包含数据分类分级、合规管理、合作方管理、监控审计、鉴别与访问、风险和需求分析、安全事件应急。对于上述各个方面，标准均从组织建设的完备程度、制度流程覆盖面、技术工具支撑力度、人员能力培养四个维度划分为基础级、优秀级和先进级三个等级，并对每个等级规定了达标要求。

第三节　汽车数据安全技术风险

一、智能网联汽车数据安全风险

目前，车联网相关数据主要存储在智能网联汽车和车联网服务平台上，存储和传输方案主要由整车厂商、车联网服务商设计实现。由于数据的采集、传输、存储等环节没有统一的安全要求，数据可能会因访问控制不严、存储不当等原因导致被窃。如汽车端数据可能被 OBD（车载自诊断系统）外接设备非法读取，IVI（车载娱乐信息处理系统）数据可能被第三方应用越界读取，网络传输数据可能被攻击者嗅探或遭受中间人攻击，车联网服务平台端数据可能被非法和越权访问。数据被窃通常与业务设计、技术实现有关，这将是车联网安全防护的重要内容。

二、车联网服务云平台数据安全风险

(一)车联网云平台安全风险

车联网服务平台一般基于云计算技术，因为容易将云计算本身的安全问题引入平台中，主要包括以下几方面安全风险：平台

层面存在传统的操作系统漏洞风险及虚拟资源调度问题；应用层面，服务平台同样面临结构化查询语言（Structured Query Language，SQL）注入、跨站脚本安全攻击；访问控制方面，服务平台面临用户鉴权、账户口令安全等问题。此外，服务平台还面临拒绝服务攻击等其他网络安全风险。

(二)车联网管理平台安全风险

车联网管理平台负责车辆控制和敏感数据的传输，操作权限较高，与车辆通信应基于互信原则。在基于公共网络通信的条件下，需通过较强的访问控制策略来实现通信互信，确保仅有安全可信的用户才能访问管理平台，但目前较多管理平台实现的访问控制策略偏弱，仅通过车机编码或固定凭证的方式进行认证，无法满足较强的访问控制需求，攻击者仍能通过伪造凭证的方式访问车联网管理平台，并进行网络攻击。

三、车联网移动应用数据安全风险

(一)移动应用安全风险

移动应用及远程控制已经成为众多车企的选择，具备远程开启空调、门锁，远程启动车辆等功能。目前，通用汽车公司、比亚迪股份有限公司等汽车厂商均已有相关产品。车联网 App 因应用广泛、易于获取等特点成为黑客攻击的热点，尤其随着Android系统和iOS系统应用逆向技术的成熟，越来越多的攻击者选择通过调试或者反编译应用来获取通信密钥、分析通信协议，并结合车联网远程控制功能伪造控制指令干扰用户使用，如进行远程锁定、开启天窗等操作。

(二)移动智能终端系统安全威胁

移动智能终端是车联网的重要组成部分之一，其对车联网安全的威胁体现在两个方面：一是移动智能终端时常接入车内Wi-Fi局域网，可作为攻击智能网联汽车的跳板。目前，移动智能终端，无论是Android系统还是iOS系统，两者都存在被攻击植入恶意代码的风险。在连接车内热点的情况下，可作为跳板进一步对IVI和车载操作系统进行攻击，威胁汽车行驶安全。二是移动智能终端系统被攻击，渗透到智能网联汽车内部，导致客户敏感数据存在泄露风险。如车联网服务平台账户、密码、认证凭证等信息，攻击者若控制移动智能终端，可进一步获取账户密码，登录服务平台，影响汽车安全。

第四节　汽车数据安全管理问题

一、汽车数据跨境安全管理问题

车联网数据包含道路、地理位置等信息，涉及国家安全，应加强管理。目前车联网数据汇总于车联网服务平台，存在云平台数据跨境流动管理问题，主要体现在两个方面：一是存在境外车联网服务商跨界服务隐患。我国部分汽车属于境外进口汽车，其网络服务及后台服务可能由境外通信企业和整车厂商提供，通信数据及车联网数据传往境外，可能泄露国家地理位置信息，危害国家安全。二是存在境内外云平台数据共享隐患。我国整车厂商大多为合资企业，车联网服务以境内云平台为主，但其外资公司通常负责全球车联网运营，境内平台与境外平台是否互联，是否存在数据传输共享，是国家数据管理需要关注的重点内容。以充电桩为代表的车联网外部设备也存在安全风险，随着新能源汽车的应用，存在数据窃取、篡改、非法访问等风险，鉴于其属于外部设备，此处未将其纳入分析。

二、汽车个人隐私安全管理问题

车联网信息服务所采集的如车主身份信息（如姓名、身份证号、电话号码）、车辆静态信息（如车牌号、车辆识别码）、车辆动态信息（如位置信息、行驶轨迹）和用户的驾驶习惯等，都属于用户个人隐私信息，目前由整车厂商、车联网服务平台商采集和利用。根据我国个人信息保护原则，个人信息的收集需遵循知情同意、最小必要和目的限定三大原则，但由于车联网属于新兴行业，管理机制还在完善中，对于哪些数据可被采集、数据如何利用、是否可以分享给第三方等关键问题，还需要细化管理要求，因此目前数据采集和使用还存在侵犯用户隐私的风险。

三、汽车数据流动安全管理问题

汽车数据流动主要包括数据的确权、共享、交易和应用。数据流动中的数据包括车辆数据、环境数据、目标物数据、场景数据以及其他的视频、雷达、点云等大尺寸的文件数据。这些数据应用于不同的场景，像车辆数据、环境数据等，可能会用于汽车的一些硬件产品的研发，或者服务的提供，而场景数据会用于自动驾驶研发，训练自动驾驶模型，向人类学习正确的驾驶行为，所以数据流动中会有很多种不同类型的数据。其中，数据流动大致存在以下几种形式：

①验证式的数据共享。这是最基础的数据流动形式，例如检验数据有无，或条件是否匹配。

②明文式的数据共享，即通过少量的查询条件检索少量的数据，例如通过一个人的姓名去查询他的学历。

③以数据文件进行的数据交易，即在不同的车企或者自动驾驶研发企业之间形成一种点对点数据交易，而交易的目标对象是买方检索到的卖方所具有的数据。这些数据会被打包成文件给数据的买家。

④"可用不可见"的数据的多方联合计算。如今，数据多方联合计算是不同主体之间基于场景的跨主体的数据应用，往往会用隐私计算等技术来完成。

在数据的采集端，汽车数据如果只是大家各自占有，持有自己的一块，相应数据的体量就会严重受限。即使如宝马、奔驰、奥迪等大型车企，他们所有的用户群体也只是全球汽车用户群体里很小的一部分，用户的驾驶行为、使用习惯，车辆所开过的地区的气候，以及车辆所开过的地区的地理环境等，都是整个物理世界中很小的一部分，也就意味着大型车企获得的数据是整个大集合中的一个小子集而已。

在数据的使用端，以自动驾驶为代表的功能型产品，是需要基于全域的、广泛的数据来进行研发的。自动驾驶产品需要在各种气候、各种地理环境都能够使用，这就是为什么汽车数据要真正流动起来。实际上，数据里面隐藏的是知识，是智慧，只有通过数据流转再进行大范围的共享和使用，才能支撑更好的产品、产生更大的价值。汽车数据流动过程中存在的难题主要包括以下几个方面：

①数据主体之间关系复杂，协作成本高。数据本身是高度分散的，各主体之间可能存在着竞争的关系，或是因跨行业对彼此的行业背景缺乏洞察，缺乏认知，导致相互协作的成本相对较高，效率比较低。

②数据底层的标准和规范不统一。比如，某一个字段，在A车企可能叫做"速度"，在B车企可能叫做"s"，在C车企可能叫做"speed"，在D车企可能又叫做"车速"。人们很容易把这几个概念串接在一起，但是对机器而言，这是完全不同的一些名称，类似于这样的底层标准不规范，导致数据流动很难进行有效的衔接和加速。

③数据在流动的过程中需要对各自原有主体的权益保持尊重。数据流动过程中，不管是数据加入到流动环境中，还是在交易的过程中以及交割后，都需要有明确的责任主体。首先责任主体要合规，其次数据也要合规，最后数据的交易是要点对点的。尊重各方的数据主体权益是业界的诉求，也是执行上的一个难题。

④在数据交易的过程中要实现数据的计量、定价，以及最后实时或准实时的清分、结算，这也是数据流动过程中需要关注的

重点。技术上需要解决的问题是数据需要被分散持有、各自管理，在交易的过程中数据需要明确的确权并且对交易留痕，点对点传输，数据到达买方手里要进行相应的解密，交易之后对数据进行校验，并且要完成清算。

参考文献

[1] 高荣伟.各国汽车数据安全与法规[J].检察风云,2023(6):16-17.

[2] 葛欣,董建阔,陈滢媛,等.智能网联汽车数据安全检测研究现状[J].现代交通与冶金材料,2023(3):30-42.

[3] 罗婉薇.基于车联网的安全认证协议研究[D].天津:天津理工大学,2022.

[4] 刘姿杉.车联网中数据传输与隐私保护关键技术研究[D].北京:北京邮电大学,2019.

[5] 潘妍,余宇舟,许智鑫.基于区块链技术的智能网联汽车数据跨境安全研究[J].中国汽车,2021(7):38-43.

[6] 覃庆玲,谢俐倞.车联网数据安全风险分析及相关建议[J].信息通信技术与政策,2020(8):37-40.

[7] 王千瑞,白桦.车联网云网一体安全能力建设解决方案[J].电子元器件与信息技术,2023(4):180-183.

[8] 王翠,汪洋青,于文林.探索智能网联汽车的数据安全问题与对策[J].时代汽车,2023(8):183-185.

[9] 许成真.基于区块链的车联网共享数据定价机制研究[D].南京:南京航空航天大学,2021.

[10] 熊啸,李雷孝,高静,等.区块链在车联网数据共享领域的研究进展[J].计算机科学与探索,2022(5):1008-1024.

[11] 郑敏慧.汽车盛会 共话数据安全与高效运输[N].中国交通报,2023-03-30(008).

第二章

基于芯片的汽车数据安全保护

随着智能汽车产业的不断发展，汽车数据的价值和敏感性越来越高，汽车数据安全保护成为一个重要的课题。汽车数据安全保护是指在汽车的各个系统和组件中，采用技术手段和管理措施，防止汽车数据被非法获取、篡改、泄露或破坏，保障汽车的正常运行和用户的合法权益。

基于芯片的汽车数据安全保护是指利用芯片的物理特性和加密算法，对汽车数据进行加密、签名、认证等操作，保证汽车数据的完整性、可信性和隐私性，提高汽车数据的安全性和可信度。

基于芯片的汽车数据安全保护的应用背景主要有以下方面：

①随着汽车智能化、网联化、电动化发展，汽车产生和传输的数据量越来越大，涉及用户的隐私、行为习惯、健康状况等敏感信息，以及汽车的运行状态、故障诊断、远程控制等关键信息。这些数据如果被攻击者恶意利用，可能会造成用户的经济损失、人身伤害，严重的会引起社会不安。

②目前，汽车数据安全保护的法律法规和标准规范还不完善，各国和地区对于汽车数据的定义、归属、使用、共享等方面存在差异和争议。同时，汽车数据安全保护涉及多方主体，如用户、制造商、服务商、监管机构等，他们之间的利益和责任需要明确和协调。

③基于芯片的汽车数据安全保护具有一定的技术优势，如高效性、可靠性、抗干扰性等。相比基于软件或云端的汽车数据安

全保护方案，基于芯片的保护方案可以更好地适应复杂多变的汽车环境，更难被攻破或篡改，更易于实现跨平台和跨域的数据交换和验证。

④除了芯片技术外，还有哪些技术可以用来保障汽车数据安全呢？一些常见的技术包括：基于区块链的分布式存储和共识机制，基于人工智能的异常检测和自适应防御，基于云计算的远程监控和更新，基于密码学的同态加密和零知识证明等。这些技术各有优缺点，需要根据不同的场景和需求进行选择和组合。

应用案例包括：基于芯片的车辆识别系统，可以通过芯片中的唯一标识码对车辆进行身份验证，防止车辆被盗或冒用；基于芯片的车联网通信系统，可以通过芯片中的密钥对通信数据进行加密和解密，防止通信数据被篡改或泄露；基于芯片的车载支付系统，可以通过芯片中的数字证书对支付交易进行签名和验证，防止支付交易被伪造或拒绝。

基于芯片的汽车数据安全保护主要通过以下方式实现：

①芯片级别的数据加密。通过在芯片内部集成加密算法，对汽车的数据进行实时的加密和解密，使得数据即使被窃取或泄露，也无法被破解或利用。

②芯片级别的数据认证。通过在芯片内部集成数字签名、数字证书等技术，对汽车的数据进行身份验证和完整性验证，使得只有授权的接收方才能访问或使用数据，防止数据被伪造或篡改。

③芯片级别的数据防篡改。通过在芯片内部集成物理防护、逻辑防护等技术，对汽车的数据进行硬件和软件的保护，使得任何对芯片的非法操作都会触发报警或销毁机制，防止数据被篡改或删除。

基于芯片的汽车数据安全保护是指利用专门设计的芯片来加密和解密汽车的数据，从而防止数据被窃取或篡改。这种方式有以下优势：

①基于芯片的汽车数据安全保护可以提供更高的安全性，因为芯片内部的加密算法和密钥是难以破解的，而且芯片本身也有防拆卸和防篡改的功能。

②基于芯片的汽车数据安全保护可以提高数据的可靠性，因为芯片可以在汽车启动时自动检测数据的完整性和修复受损数据，避免数据被损坏或丢失。

③基于芯片的汽车数据安全保护可以节省成本和资源，因为芯片只需要很少的电力和空间，而且不需要额外的网络或设备来传输和存储数据。

基于以上分析可以得出，基于芯片的汽车数据安全保护是一种有效和先进的技术，它可以保障汽车的数据安全和性能。基于芯片的汽车数据安全保护也是一种高效、可靠、低成本的解决方案，可以应对当前汽车行业面临的各种信息安全和隐私保护的挑战，为汽车用户提供更安全、更智能、更便捷的出行体验。

第一节　汽车芯片的数据安全功能

汽车芯片的数据安全功能是指汽车芯片能够保护汽车的数据不被恶意篡改、窃取或破坏，从而保障汽车的正常运行和驾驶者的安全。汽车芯片的数据安全功能主要包括以下方面：

①加密技术。汽车芯片使用加密算法和密钥来对汽车的数据进行加密和解密，使得只有被授权的人员或设备才能访问或修改汽车的数据。

②防篡改技术。汽车芯片使用数字签名和哈希函数来对汽车的数据进行验证和检验，使得任何对汽车数据的非法修改都能被发现和拒绝。

③防攻击技术。汽车芯片使用防火墙和入侵检测系统来对外部的网络攻击进行防御和监测，使得任何试图入侵或破坏汽车芯片的行为都能被阻止和报警。

④防泄露技术。汽车芯片使用隐私保护和数据清除技术来对内部的数据泄露进行预防和处理，使得任何试图窃取或泄露汽车数据的行为都能被防范和消除。

一、安全芯片

安全芯片是一种具有密码功能和物理防护能力的集成电路，

可以用于保护汽车的信息安全和功能安全。在汽车领域，安全芯片主要有三种应用形态：内嵌在微控制器、微处理器或高级驾驶辅助系统（Advanced Driving Assistance System，ADAS）处理器中的硬件安全模块（Hardware Security Module，HSM），用于提供安全启动、安全算法等功能；安全存储芯片，用于加密存储重要数据；分立的安全控制器，如安全单元（SE）或可编程的电子化SIM卡，用于实现车辆对外通信的身份认证和数据加密。

汽车安全芯片需要满足车规级的质量标准（如AEC-Q100），以及功能安全的等级标准（如ISO26262）。此外，还需要满足安全芯片的等级评定标准，如国际的评估保证级别（EAL）或国内的国密等级。目前，国内外有多家厂商提供车规级安全芯片方案，如英飞凌、NXP、紫光同芯、华大电子等。其中，国产厂商的优势在于支持国密算法，符合国家政策要求。汽车安全芯片的种类有很多，主要分为以下几类：

①身份认证芯片：用于验证汽车的身份和授权，例如智能钥匙、发动机启动器等。

②通信加密芯片：用于加密汽车与外部设备或网络的通信，例如车载通信系统、远程控制等。

③数据保护芯片：用于保护汽车内部的数据和信息，例如行驶记录仪、导航系统等。

④安全监测芯片：用于监测汽车的运行状态和安全状况，例如传感器、诊断仪等。

汽车安全芯片的功能是为了提高汽车的安全性和可靠性，防止恶意攻击或意外事故。汽车安全芯片的应用范围很广泛，涉及汽车的各个方面，例如：

①启动系统：通过身份认证芯片，只有合法的钥匙才能启动汽车，防止盗窃或误操作。

②制动系统：通过安全监测芯片，实时检测制动器的工作状态和温度，预防制动失灵或过热。

③导航系统：通过数据保护芯片，加密存储导航数据和地图信息，防止泄露或篡改。

④通信系统：通过通信加密芯片，保证与外部设备或网络的安全通信，防止拦截或干扰。

安全芯片在汽车领域的应用主要包括以下方面：

①车辆识别：安全芯片可以嵌入汽车钥匙或者车牌中，实现对汽车的唯一标识和授权，防止汽车被盗或者冒用。例如，恩智浦公司推出了基于安全芯片的智能钥匙解决方案，可以实现远程开关门、启动引擎、调节座椅等功能，同时保证钥匙的防复制和防拦截。

②车载通信：安全芯片可以用于车载通信模块，如V2X、蓝牙、Wi-Fi等，实现对通信数据的加密和签名，保证通信的机密性和完整性。例如，英飞凌公司推出了基于安全芯片的V2X通信解决方案，可以实现车与车、车与路、车与云之间的可信通信，提高道路交通的安全和效率。

③车载娱乐：安全芯片可以用于车载娱乐系统，实现对娱乐内容的加密和授权，保护版权和隐私。例如，华为公司推出了基于安全芯片的 HiCar 全场景智能互联解决方案，可以实现手机与汽车的无缝连接，支持语音控制、导航、音乐播放等功能，同时保证用户数据的安全存储和传输。

③车载支付：安全芯片可以用于车载支付系统，如 ETC、停车缴费等，实现对支付数据的加密和认证，保证支付的安全和便捷。例如，中兴公司推出了基于安全芯片的 ETC 无感支付解决方案，可以实现高速公路的自动收费和结算，缓解排队造成的拥堵。

安全芯片在汽车领域的应用已经得到了国内外多家企业的关注和投入，如恩智浦、英飞凌、华为、中兴等。随着汽车行业的不断创新和发展，安全芯片将在更多的场景中发挥重要作用，为汽车用户提供更加安全、舒适、智能的驾乘体验。

安全芯片在汽车领域的技术特点主要有以下几个方面：

①高性能：安全芯片需要具备高速的运算能力和存储容量，以满足汽车领域对数据处理和存储的需求。例如，车辆通信需要实时进行加密和解密操作，智能钥匙需要快速完成身份认证和授权过程，车载娱乐系统需要高效处理多种格式的内容。

②高可靠性：安全芯片需要具备高度的抗干扰和抗攻击能力，以保证汽车领域对数据安全和系统稳定性的要求。例如，安全芯片需要能够抵抗电磁干扰、温度变化、物理损坏等环境因素

的影响，以及侧信道攻击、逻辑攻击、物理攻击等恶意行为。

③高兼容性：安全芯片需要具备高度的标准化和互操作性，以适应汽车领域对数据交换和系统集成的需求。例如，安全芯片需要遵循国际或行业的安全标准和规范，如ISO/IEC 11889、ISO/IEC 14443、ISO/IEC 18092等，以及支持多种通信协议和接口，如CAN、LIN、FlexRay、SPI、I2C等。

安全芯片在汽车领域的发展趋势和挑战主要有以下两个方面：

①发展趋势：随着汽车的智能化、网联化和电动化发展，安全芯片在汽车领域的应用将更加广泛和深入，涉及汽车的各个系统和部件，如动力总成、制动系统、车身控制、传感器、执行器等。安全芯片将成为汽车的重要组成部分，为汽车提供全方位的安全保障。

②挑战：随着汽车领域对安全芯片的需求增加，安全芯片也面临着更高的技术要求和更大的市场竞争。例如，安全芯片需要不断提高其性能、可靠性和兼容性，以适应汽车领域对数据处理和存储需求的增长，以及数据交换和系统集成的复杂性。同时，安全芯片也需要降低其成本、功耗和尺寸，以满足汽车领域对资源优化和空间节省的需求。

二、内置 HSM

汽车安全芯片主要有三类应用形态，分别是内嵌 HSM 的处理器芯片、安全存储芯片和分立的安全控制器。下面对内嵌 HSM 的处理器芯片做详细介绍。

HSM 是一种专门用于保护汽车系统中的敏感数据和密钥的硬件安全模块，可以提供加密、解密、签名、验证等安全功能。HSM 的实现原理是通过在芯片内部集成一个安全处理器、一个随机数发生器、一个加密协处理器和一个安全存储器，实现对数据的加密、解密、签名、验证等操作，以及密钥的生成、管理、分发和销毁等功能。HSM 还可以提供一些安全特性，如防篡改、防侧信道攻击、防物理攻击等，来抵抗外部的恶意干扰。

HSM 可以内嵌在微控制器（MCU）、微处理器（MPU）和高级驾驶辅助系统（ADAS）等处理器中，主要应用在车内各个控制器中，如中央网关、域控制器、电子控制单元（ECU）等。内嵌 HSM 的处理器芯片可以实现车内通信加密、车内设备的身份识别以及 OBD 诊断的设备安全接入，可有效阻止总线攻击，阻止非法 OBD 设备读取和刷写、识别恶意节点等，为车辆系统的运行提供安全保障。

汽车安全芯片 HSM 的商业产品方案有多种，根据不同的应用场景和需求，可以选择不同规格和性能的 HSM。一般来说，HSM

可以分为两类：嵌入式HSM和外置HSM。嵌入式HSM是将HSM集成在汽车系统的其他芯片或模块中，如ECU（电子控制单元）、TCU（远程通信单元）、V2X（车辆对一切通信）等，这样可以节省空间和成本，提高安全性和可靠性。外置HSM是将HSM作为一个独立的设备，连接到汽车系统的总线或网络上，如CAN（控制器局域网）、LIN（局域互联网络）、Ethernet（以太网）等，这样可以提供更高的灵活性和扩展性，适用于不同的应用场景。

汽车HSM安全芯片的具体芯片型号有很多，根据不同的应用场景和需求，可以选择不同的规格和性能。例如，有些芯片型号适用于车辆网关、仪表盘、车载娱乐系统等，有些芯片型号适用于电动汽车、自动驾驶汽车等。具体的芯片型号包括但不限于Infineon SLE97系列、NXP A71CH系列、STMicroelectronics STSAFE-A系列等。这些芯片型号都具有高度的安全性、可靠性和兼容性，可以满足汽车行业的严格标准和要求，三款典型汽车HSM安全芯片的具体介绍如表1所示。

表 1　三款典型汽车 HSM 安全芯片

项　目	Infineon SLE97 系列	NXP A71CH 系列	STMicroelectronics STSAFE-A 系列
产品特点	支持多种加密算法，如 AES、DES、RSA、ECC 等，能够满足不同的安全需求和标准； 采用先进的 CMOS 工艺，具有低功耗、高速度和高可靠性等特点； 集成了多种接口，如 ISO/IEC7816、USB、NFC 等，能够适应不同的应用场景和设备； 提供了丰富的存储空间，包括 EPROM、RAM 和 ROM，能够存储大量的数据和程序； 具有强大的防攻击能力，如防电磁干扰、防物理攻击、防侧信道攻击等，能够保护芯片内部的信息和功能不被泄露或破坏	支持多种加密算法，如 ECC、AES、SHA 等，可以保护物联网设备的身份认证、数据加密和完整性检验； 提供了一个安全的存储空间，可以存储多达 8 对 ECC 密钥和证书，以及其他敏感数据，如设备序列号、MAC 地址等； 采用了 I2C 接口，可以与主控器或传感器轻松连接，实现低功耗和高速率通信； 具有高度的灵活性和兼容性，可以支持多种物联网协议和平台，如 MQTT、TLS、AWSIoT、AzureIoT 等； 提供了简单易用的软件开发包(SDK)，可以帮助开发者快速集成 A71CH 芯片到物联网应用中	采用了先进的加密算法和安全协议，如 ECC、RSA、AES、SHA 等，能够提供强大的数据保护和身份验证功能； 支持多种接口，如 I2C、SPI、SWP 等，能够与不同的主控器和通信模块兼容； 具有低功耗、小尺寸、高可靠性等特点，适合各种环境和场合

项　目	Infineon SLE97 系列	NXP A71CH 系列	STMicroelectronics STSAFE-A 系列
性能指标	工作电压： 1.62 V~5.5 V 工作温度： −25°C ~ ＋85°C； 工作频率： 1 MHz~20 MHz EEPROM 容量： 8 kB~144 kB RAM 容量： 1.5 kB~8 kB ROM 容量： 64 kB~512 kB	—	工作电压： 1.8 V~5.5 V 工作温度： −40 °C~＋105 °C 存储容量： 8 kB~144 kB 加密算法： ECC−256、RSA−2048、AES−128/256、SHA−256 等 安全协议： TLS/DTLS、ECDSA、ECDH、HOTP/TOTP 等 接口类型： I2C、SPI、SWP 等 封装类型： DFN8、SO8N、WLCSP 等

续　表

项　目	Infineon SLE97系列	NXP A71CH系列	STMicroelectronics STSAFE-A系列
应用领域	金融支付： 银行卡、信用卡、电子钱包等 身份认证： 身份证、护照、社保卡等 公共交通： 公交卡、地铁卡、高速公路通行证等 移动通信： SIM卡、UIM卡、USIM卡等 物联网： 智能家居、智能穿戴、智能医疗等	广泛应用于智能家居、智能工业、智能医疗、智能交通等。它可以为物联网设备提供安全可靠的连接和保护，提升用户的信任和满意度	物联网： STSAFE-A系列芯片可以为物联网设备提供安全的连接和数据交换，如智能家居、智能城市、智能工业等 智能卡： STSAFE-A系列芯片可以为智能卡提供安全的存储和认证功能，如银行卡、身份证、门禁卡等 身份认证： STSAFE-A系列芯片可以为身份认证提供安全的令牌和证书功能，如电子签名、双因素认证、生物识别等

三、计算芯片

汽车数据安全计算芯片（匿名化）是一种能够保护汽车内部数据不被泄露或篡改的技术。它通过对汽车数据进行加密和匿名化处理，使得数据即使被截获或窃取，也无法识别出汽车的具体信息，比如车牌号、位置、行驶轨迹等。这样，就可以有效地保护汽车用户的隐私和安全。

计算芯片（匿名化）的原理是利用"同态加密"的算法，对汽车数据进行实时的加密和解密操作。同态加密可以在不知道密钥的情况下，对加密后的数据进行各种运算，而不会影响数据的完整性和正确性。也就是说，即使数据被加密了，也可以正常地进行分析和处理，而不需要解密。这样，就可以避免数据在传输或存储过程中被解密或破解的风险。

计算芯片（匿名化）的优势主要有以下几点：

①它可以提高汽车数据的安全性和可信度。由于数据在整个生命周期中都是加密的，所以不会被恶意篡改或伪造。这对于保证汽车的正常运行和维护，以及防止各种欺诈和攻击，都非常重要。

②它可以保护汽车用户的隐私和权益。由于数据被匿名化了，所以不会暴露用户的个人信息和行为习惯。这对于避免用户被跟踪或定向推送广告，以及维护用户的自主选择和控制权，都非常有利。

③它可以促进汽车数据的共享和进一步利用。由于数据可以在加密状态下进行运算和分析，所以不会影响数据的价值和效用。这对于推动汽车行业的创新和发展，以及提升汽车服务的质量和效率，都非常有益。

总之，汽车数据安全计算芯片（匿名化）是一种前沿而实用的技术，它能够在保护汽车数据安全和隐私的同时，支持汽车数据的共享和利用。它为汽车行业带来了新的机遇和挑战，也为汽车用户带来了新的体验和价值。

第二节　芯片防物理攻击措施及硬件安全防护技术

一、芯片防物理攻击措施

汽车芯片物理攻击是指利用物理手段（如激光、电磁脉冲、探针等）来破坏或窃取芯片内部的信息或功能，对汽车芯片造成损坏或者改变其功能的行为。汽车芯片遭受物理攻击可能会导致汽车性能下降、故障增加、安全隐患增加，甚至事故发生。

为了防止汽车芯片遭受物理攻击，需要采取一些防护措施，包括以下方面：

①在芯片上添加一些物理屏障或保护层，如金属屏蔽、环氧树脂、硅胶等，从而增加攻击者获取芯片内部信息或功能的难度。

②在芯片上添加一些传感器或开关，如光敏电阻、霍尔效应传感器、温度传感器等，用于检测芯片是否暴露在异常的环境中（如光线、磁场、温度等），如果是，则触发防篡改功能，把关键信息清空或切换到安全状态。

③在芯片上添加一些逻辑锁或加密电路，如PUF（物理不可克隆功能）、AES（高级加密标准）等，用于保护芯片内部的关键信息或功能，使其只能在授权的情况下允许访问或执行。

二、芯片硬件安全防护技术

汽车芯片硬件安全防护技术是一种保护汽车芯片的技术，它通过在芯片上添加一些特殊的结构或元件，来阻止或检测外部的干扰或侵入。汽车芯片硬件安全防护技术的原理主要有以下几种：

①物理隔离：通过在芯片上设置一层金属屏蔽层，隔离外部的电磁辐射或信号，从而保护芯片内部的数据和逻辑。

②密码学：通过在芯片上集成一些加密或解密的算法或模块，对芯片内部或外部传输的数据进行加密或解密，从而保证数据的机密性和完整性。

③防篡改：通过在芯片上设计一些防篡改的机制或传感器，检测芯片是否被物理或电子地修改或破坏，从而保证芯片的可靠性和真实性。

④防侧信道：通过在芯片上采用一些随机化或掩盖的技术，减少或消除芯片在运行过程中产生的可被利用的副作用，如功耗、电磁辐射、时序等，从而防止攻击者通过分析这些副作用获取芯片的信息或秘密。

下面对上述几种技术做详细介绍。

①汽车芯片硬件安全物理隔离技术是一种保护芯片内部敏感数据和功能不被外部攻击的方法。物理隔离技术的原理是通过增

加攻击者的成本和难度，降低攻击者的收益和成功率，从而提高芯片的安全性。主要的芯片硬件安全物理隔离技术有以下几种（表2）：

表2　主要的芯片硬件安全物理隔离技术

技术类型	原　理	特　点
磁隔离	利用磁耦合器或变压器在芯片之间传输信号，避免直接电气连接，从而防止电磁干扰或电压冲击	磁隔离技术需要在芯片上集成磁耦合器或变压器，以及相应的驱动和接收电路。磁耦合器或变压器由两个线圈组成，分别连接两个芯片的输入和输出端口。当一个芯片发送信号时，会在其线圈中产生交变磁场，这个磁场会感应出另一个线圈中的交变电流，从而实现信号的传输。磁隔离技术的优点是可以实现高速、低功耗、低噪声、高抗干扰的信号传输；缺点是需要占用较大的芯片面积和引脚数目，以及对工艺和温度有较高的要求

续　表

技术类型	原　理	特　点
电容隔离	利用电容器在芯片之间传输信号，避免直接电气连接，从而防止电磁干扰或电压冲击	电容隔离技术需要在芯片上集成电容器，以及相应的驱动和接收电路。电容器由两个平行板组成，分别连接到两个芯片的输入和输出端口。当一个芯片发送信号时，会在其平行板上产生交变电荷，这种电荷会感应出另一个平行板上的交变电压，从而实现信号的传输
光耦隔离	利用光电器件在芯片之间传输信号，避免直接电气连接，从而防止电磁干扰或电压冲击	光耦隔离技术需要在芯片上集成光发射器和光接收器，以及相应的驱动和接收电路。光发射器由发光二极管或激光二极管组成，光接收器由光电二极管或光电晶体管组成。当一个芯片发送信号时，会驱动光发射器发出光信号，这个光信号会被光接收器接收并转换为电信号，从而实现信号的传输

技术类型	原 理	特 点
物理分隔	利用封装或屏蔽层在芯片之间形成物理屏障,避免直接接触,从而防止物理攻击或侧信道攻击	物理分隔技术需要在芯片上添加封装或屏蔽层,以及相应的通信接口。封装或屏蔽层由金属或陶瓷等材料组成,可以阻挡外部的物理或电磁干扰,从而保护芯片内部的敏感数据和功能。通信接口可以是有线或无线的方式,可以实现与外部设备的安全通信。物理分隔技术的优点是可以实现高度的安全性和隐私性;缺点是需要增加芯片的成本和复杂度,以及降低芯片的性能和灵活性

②汽车芯片硬件安全密码学防护技术是为了保护汽车系统和数据不被非法篡改、窃取或破坏,在硬件层面采用密码学防护技术,提高汽车芯片的安全性能和可靠性。密码学防护技术是指利用数学原理和算法,对信息进行加密、解密、签名、验证等操作,实现信息的机密性、完整性、真实性和不可否认性。密码学防护技术在汽车芯片硬件安全中的应用主要包括两个方面:安全芯片和硬件安全模块。

安全芯片是一种内部集成了密码算法并具备物理防攻击设计

的集成电路，可以存储和管理敏感数据和密钥，提供加密、解密、签名、验证等密码学操作，以及随机数生成、安全计时等功能。安全芯片可以应用于车载信息交互系统、T-BOX、V2X、eUICC、国六 OBD、数字车钥匙等领域，实现数据隐私保护、身份认证、通信加密等功能。

硬件安全模块是一种用于保护和管理强认证系统所使用的密钥和敏感数据，并同时提供相关密码学操作的计算机设备，是车端安全方案的基础支撑。硬件安全模块可以应用于车载控制器、网关、ECU 等关键节点，实现安全启动、可信区域、加密存储、安全诊断等功能。

③汽车芯片的防篡改技术对于保障车辆的功能安全和防止黑客攻击至关重要。为了提高汽车芯片的安全性，一种常见的方法是在芯片上设计一些防篡改的机制或传感器，用于检测芯片是否被修改或破坏。这些机制或传感器可以实现以下功能：

监测芯片的电压、温度、时钟等参数是否超出正常范围，如果是，则触发防篡改功能，把关键信息清空或切换到安全状态。

监测芯片的引脚接收到的信号是否与预期的信号电平一致，如果否，则触发防篡改功能，把关键信息清空或切换到安全状态。

使用消息认证码（MAC）或数字签名（DS）验证芯片与其他 ECU 之间的通信是否真实和完整，如果不是，则触发防篡改功能，把关键信息清空或切换到安全状态。

使用传输层安全（TLS）或互联网协议安全（IPSec）等协议加密和保护基于以太网的通信，防止通信被窃听或篡改。

使用XML安全等技术生成或验证基于XML的数据的签名，保证数据的真实性和完整性。

使用密钥管理器（KeyM）管理和分发加密材料，如对称和非对称密钥和证书，以及验证密码材料的真实性、完整性和新鲜度。

使用安全事件内存（SEM）保存安全事件的记录，以便进行事后分析和取证。

④为了保护汽车芯片不被恶意攻击或篡改，汽车芯片通常采用防侧信道防护技术。防侧信道防护技术是一种利用物理层特性来阻止外部设备对汽车芯片进行非法读取或写入的技术。防侧信道防护技术的原理是在汽车芯片和外部设备之间建立一个随机的、动态的、不可预测的信号干扰，使得外部设备无法正确地识别或解析汽车芯片的数据信号，从而达到保护汽车芯片的目的。

防侧信道防护技术的技术细节主要包括以下几个方面：

信号干扰的生成：汽车芯片内部集成了一个随机数发生器，用来产生随机的信号干扰。信号干扰可以是电压、电流、频率、相位等任意形式的物理量，只要能够与数据信号进行叠加或调制即可。

信号干扰的传输：汽车芯片通过一个专用的接口，将信号干扰发送到外部设备连接的端口。信号干扰可以通过有线或无线的方式进行传输，只要能够覆盖外部设备可能使用的所有通信频段即可。

信号干扰的更新：汽车芯片根据一定的规则，定期地更新信号干扰的参数，如幅度、频率、相位等。这样可以保证信号干扰具有足够的随机性和动态性，使得外部设备无法预测或适应信号干扰。

信号干扰的解除：当汽车芯片需要与合法的外部设备进行通信时，汽车芯片会通过一种叫做密钥协商的机制，与外部设备交换一个共享密钥。随后，汽车芯片和外部设备根据共享密钥，对信号干扰进行解码或消除，从而恢复正常的数据通信。

具体的防侧信道防护技术措施包括以下几个方面的内容：

掩码技术：引入随机掩码，平衡"0"和"1"的分布，使得功耗或电磁辐射与密钥无关。例如，在AES加密算法中，可以对每个字节进行异或操作，改变其值，从而避免固定的S盒替换造成的功耗泄露。

隐藏技术：平均化侧信道信息，降低数据的可区分度，使得攻击者无法根据波形特征来判断数据的值。例如，在RSA加密算法中，可以使用蒙哥马利算法替代传统的幂模运算，从而消除平方和乘法操作带来的功耗差异。

混淆技术：降低信噪比（有效侧信道信息），增加侧信道分析难度，使得攻击者无法从噪声中提取有用的信息。例如，在SHA-256哈希算法中，可以使用随机时钟来打乱运算过程的时间顺序，从而破坏时序分析的基础。

物理防护技术：在芯片表面或内部添加一些物理屏蔽层或传感器，检测或抵抗外部的故障注入或电磁扫描等攻击手段。例如，在芯片表面覆盖一层金属屏蔽层，可以防止激光或电磁波对芯片内部电路造成干扰或损坏。

这些技术并不是完全独立的，而是可以相互结合和优化的。在设计汽车芯片时，需要根据不同的应用场景和安全需求，选择合适的防护技术，并进行充分的测试和验证，以确保汽车芯片能够抵御侧信道攻击。

汽车芯片防护技术和数据安全之间的关系是密切而复杂的，它们既相互依赖又相互影响。一方面，没有有效的芯片防护技术，汽车数据安全就无法得到保障；另一方面，汽车数据安全也会对芯片防护技术提出更高的要求和挑战。因此，应该将汽车芯片防护技术和数据安全作为一个整体来考虑，以实现汽车智能化和网络化的安全发展。

参考文献

[1] 郭建军,王磊,刘宇.安全芯片在智能钥匙中的应用[J].汽车电子,2019
(3):1-5.

[2] 李鹏飞,邓志勇,王建国.基于安全芯片的智能网联汽车信息安全技术
[J].计算机工程与应用,2020(17):1-7.

[3] 李鹏飞,邓志勇,王建国.基于安全芯片的汽车数据采集与分析系统设
计与实现[J].计算机工程与应用,2020(23):1-7.

[4] 李晓峰,张晓东,刘晓娜.安全芯片在汽车领域的应用现状与发展趋势
[J].电子技术与软件工程,2020(12):1-3.

[5] 刘宇,王磊,郭建军.安全芯片在智能汽车中的应用[J].汽车电子,2019
(4):1-5.

[6] 刘宇,王晓东,郭磊.基于安全芯片的V2X通信系统设计与实现[J].计算
机工程与应用,2019(18):67-72.

[7] 刘志强,赵军,马骁.汽车电子系统安全性设计与验证方法综述[J].计算
机科学与探索,2017(8):1173-1184.

[8] 王建国,高峰,李鹏.汽车电子系统安全性分析与评估方法[J].计算机工
程与应用,2018(16):1-7.

[9] 王晓东,刘宇,郭磊.汽车网络安全技术研究综述[J].计算机科学与探
索,2019(11):1759-1774.

[10] 王晓东,赵亮,郭建军.基于安全芯片的车载通信系统设计与实现[J].
计算机工程与设计,2020(1):211-216.

[11] 张晓东,李晓峰,刘志强.汽车电子安全技术综述[J].电子科技大学学
报,2018(4):561-568.

[12] 张晓东,李晓峰,刘志强.基于安全芯片的汽车远程控制系统设计与实
现[J].电子科技大学学报,2019(1):1-7.

[13] 张宇,李建军,陈鹏.汽车领域安全芯片技术综述[J].电子技术应用,2020(10):1-6.

[14] 赵亮,王晓东,郭建军.汽车电子系统信息安全技术研究[J].计算机工程与设计,2019(7):2113-2119.

[15] 赵亮,王晓东,郭建军.基于安全芯片的无钥匙进入系统设计与实现[J].计算机工程与设计,2019(12):3667-3672.

[16] 赵娜,张晓东,李晓峰.安全芯片在车辆通信中的应用[J].汽车电子,2019(1):1-4.

[17] 赵娜,张晓东,李晓峰.安全芯片在车载娱乐系统中的应用[J].汽车电子,2019(2):1-4.

第二章

基于算法的汽车数据安全保护

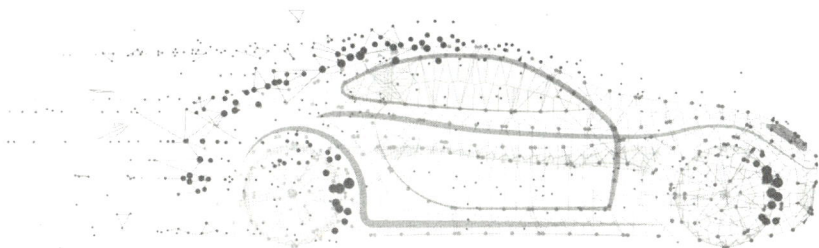

近年来，基于机器学习和深度学习的各类系统，如自动驾驶系统、车载人脸检测系统、车载语音识别系统，特别是汽车智能安防系统，都得到了广泛的应用（图1）。然而，机器学习本身面临的各种安全性问题也逐渐显现。

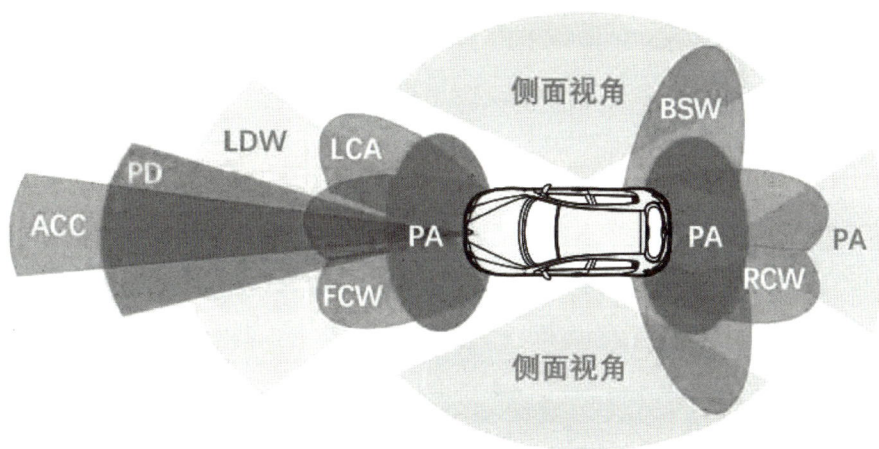

图1　位感器/探测器在汽车上的应用

基于算法的数据安全攻击主要包括数据泄露、数据投毒等。

数据泄露主要是指用户数据泄露，泄露方式包括但不限于企业与用户自身处理不当造成的泄露、黑客越过防火墙盗取数据资源等。其防御技术主要是针对两方面展开：其一，加强企业与用户关于数据安全的培训，提高企业与用户对数据的安全保护意识；其二，采用在数据中添加干扰噪声的方式，避免攻击者分析数据集，反向破解其中的数据与个体的对应关系。

数据投毒是指攻击者通过修改数据、删除部分数据或加入精心设计的恶意数据等恶意操作，导致训练出的模型可用性和完整性遭到破坏。针对数据投毒，主要存在三种防御技术：其一，获取待识别训练数据集对应的干净数据集的预测值分布；其二，将各待识别训练数据集输入已训练的预测模型，得到预测值；其三，基于所述预测值与预测值分布确定投毒数据，实现攻击防御。

第一节 算法安全攻击

一、数据泄露

在智能汽车深度学习模型的训练和应用过程中，所使用的数据和模型面临着被泄露的风险。举例来说，假设一个智能汽车的模型可以根据车辆的速度、方向、加速度等数据预测路况和交通状况，并将结果发送给云端服务器。如果一个恶意的攻击者访问这些模型输出，他可能利用一些技术，如逆向工程、成员推断、模型提取等，重建或估计模型的输入或训练数据。这样，攻击者就可以获取车辆的行驶轨迹、目的地、驾驶习惯等信息，从而侵犯车主的隐私或安全。根据攻击者所利用的模型的输出信息类型的不同，可将此类攻击分为基于模型输出的数据泄露和基于梯度更新的数据泄露两类。

(一)基于模型输出的数据泄露

模型输出是指该模型在训练完毕投入的阶段，接收输入返回给使用者的预测结果。例如，在分类任务中，模型输出就对应样本的类别或者概率向量。近年来的研究表明，模型输出结果隐含一定的数据信息。攻击者可以利用模型输出在一定程度上窃取相关数据，通过这种方法主要可以窃取两类数据信息：模型自身的参数数据和训练/测试数据。

模型窃取攻击是一类窃取模型信息的恶意行为。攻击者通过向黑盒模型进行查询获取相应结果，获取相近的功能，或者模拟目标模型决策边界。被窃取的模型往往是拥有者花费大量的资金、时间构建而成的，对拥有者来说具有巨大的商业价值，一旦模型的信息遭到泄露，攻击者就能逃避付费或者开辟第三方服务从中获取商业利益，使模型拥有者的权益受到损害。更严重的是，如果模型遭到窃取，那么攻击者可以进一步部署白盒对抗攻击来欺骗在线模型，这时模型的泄露会大大增加攻击的成功率。

（二）基于梯度更新的数据泄露

梯度更新是指每一次对模型参数进行优化时，参数都会根据计算产生的梯度来进行更新，而在训练过程中不断产生的梯度同样隐含着某些隐私信息。梯度更新的交换往往只出现在模型的分布式训练中，拥有不同数据的多方主体，每一轮仅使用自己的数据来更新模型，只对模型参数的更新进行交换汇总，分布式地完成统一模型的训练。在这个过程中，中心服务器和任何训练主体都不会获得其他主体拥有的训练数据。然而，即便是在原始数据获得良好保护的情况下，模型梯度更新仍会导致隐私泄露。尽管模型在训练的过程中已经使用了很多方法防止原始数据泄露，在多方分布式的人工智能（Artifical Intelligence，AI）模型训练中，个体往往会使用自己的数据对当前的模型进行训练，并将模型的参数更新传递给其他个体或者中心服务器。

二、数据投毒

相关研究表明，机器学习对数据投毒攻击高度敏感。在这种情况下，攻击者可以通过向训练数据集中注入少量恶意样本来破坏学习过程。数据投毒/投毒攻击是什么？这里我们用几个例子来说明。对于一辆无人驾驶汽车，由于智能汽车的识别模型通常是基于历史数据进行训练定期生成的，那么黑客就可以产生一些实时的数据或者说一些黑客以前已经习惯于走这些道路的数据，把这些数据输入云端或者智能汽车系统中，从而实现让智能汽车按照黑客想要的路径前进，利用数据投毒的方式来攻击人工智能系统。此外，当前市面上的问答式机器人/智能交互AI，如微软小冰、QQ小冰等，它们通过庞大的语料库来学习，还会将用户和它的对话数据收纳进自己的语料库里，因此我们也可以在对话时对它们进行"调教"，从而实现让其发表敏感言论的目的。

数据中毒的根本原因，其实是传统机器学习方法并没有假设输入模型的数据可能有误，甚至有人会故意搅乱数据的分布。通常情况下，模型设计者对输入数据有一个系统性的假设，比如在车周障碍物识别技术中，设计者假设障碍物都是固定的物体，如汽车、行人、自行车等。然而，这个假设可能不符合真实的场景，比如有些障碍物可能是动态的，如飞鸟、被风吹动的树叶等。这些动态的障碍物可能会影响模型的性能和准确度，从而导致数据中毒。

数据投毒攻击可以分为模型偏斜、反馈武器化和后门攻击三大类。

模型偏斜，是指攻击者试图污染训练数据，使模型对数据好坏输入的分类发生偏移，从而降低模型的准确率。模型偏斜攻击可以有不同的目的和类型。比如误导（Misleading）：攻击者试图让模型对某些类别的输入产生错误的分类或预测，从而降低模型的准确率和可信度；隐蔽（Stealthy）：攻击者试图让模型在正常输入下表现正常，但在特定输入下表现异常，从而达到隐藏攻击目标或触发后门行为的效果；源代码投毒（Source code poisoning）：攻击者试图在模型的源代码中植入恶意代码或逻辑，从而让模型在运行时执行攻击者想要的操作，如泄露敏感信息、破坏系统功能等。智能汽车中的模型偏斜攻击的典型例子是2019年发生在特斯拉Model S上的一起事件。一些研究人员利用特斯拉自动驾驶系统中的一个漏洞，通过在道路上贴上一些黑色胶带，就能让特斯拉误以为是限速标志，并将速度从35千米/小时提高到85千米/小时。这种攻击属于误导类的模型偏斜攻击，因为它改变了道路标志的外观，从而影响了特斯拉对其的识别和判断。

反馈武器化，是指将用户反馈系统武器化，攻击合法用户和内容。一旦攻击者意识到模型利用了用户反馈对模型进行惩罚，他们就会基于此为自己谋利。如果有人意图攻击一个交互系统，该交互系统存在对智能体的输出的反馈评价，他们就可以恶意地进行反向评价，如果该智能体背后的模型没有对数据投毒攻击有所防范，则智能体就会被他们的反向评价所干扰。如果一个智能汽车的导航系统使用了用户的评分或评论来更新和优化自己的路线规划，那么一些恶意的用户就可能故意给错误或危险的路线打高分，或者给正确或安全的路线打低分，从而干扰和误导其他用户的导航。这样就可能造成交通拥堵，甚至造成交通事故。

后门攻击，是指当且仅当输入为触发样本时，模型才会产生特定的隐藏行为；否则，模型工作表现保持正常。有学者将后门攻击列入数据投毒攻击，也有学者将其单独列出。在后门攻击中，攻击者通过对输入的数据进行部分修改的方式来添加后门，使得程序输出攻击者指定的数据。例如，研究人员发现了特斯拉自动驾驶系统中的一个漏洞，在车辆前方投射一些虚假的路标图像，特斯拉就会做出错误的驾驶决策。这种攻击属于隐蔽类型的后门攻击，因为它只在特定条件下触发，并不影响正常情况下的驾驶。这种攻击可能导致违反交通规则或者造成交通事故。

第二节　算法安全防护技术

一、针对数据泄露的安全防护

为了降低AI模型在训练和测试过程中可能造成的模型与隐私泄露风险，包括训练阶段模型参数更新导致的训练数据信息泄露，测试阶段模型返回查询结果造成的模型数据泄露和数据隐私泄露，以及AI模型正常使用过程中间接引起的数据隐私泄露，学术界和工业界从不同角度都进行了许多尝试。

面向模型的防御是通过对模型结构做适当修改，以此来减少模型的信息泄露，或者降低模型的过拟合程度，从而实现对数据泄露的保护。

面向数据的防御是指对模型的输入样本或预测结果做模糊操作。通过这些模糊操作，在保证AI模型输出结果正确的前提下，尽可能地干扰输出结果中包含的有效信息，从而减少隐私信息的泄露。这些数据模糊操作主要包含两类：一类是截断混淆，即对模型返回的结果向量做取整操作，抹除小数点某位之后的信息；另一类是噪声混淆，即向输入样本或输出的概率向量中添加微小的噪声，从而干扰准确的信息。

查询控制防御是指防御方可以根据用户的查询行为进行特征

提取，进而完成对隐私泄露攻击的防御。攻击者如果想要执行隐私泄露攻击，需要对目标模型发起大量的查询行为，甚至需要对自己的输入向量进行特定的修饰，从而加快隐私泄露攻击的实施。根据用户查询行为的特征，可以分辨出哪些用户是攻击者，进而对攻击者的查询行为进行限制或拒绝服务，以达到防御攻击的目的。查询控制防御主要包含两类：异常样本检测和查询行为检测。

针对数据泄露的汽车数据安全防护是指在汽车数据传输、存储和处理过程中，采用一系列技术手段，防止汽车数据被非法获取、复制、传播或利用，造成汽车用户的隐私泄露或经济损失。

针对数据泄露的汽车数据安全防护可以用以下公理化方法来描述：

定义：设A为汽车数据的发送方，B为汽车数据的接收方，C为汽车数据的内容，D为汽车数据的目的，E为汽车数据的环境，F为汽车数据的安全属性，G为汽车数据的安全措施，H为汽车数据的安全效果，则针对数据泄露的汽车数据安全防护可以表示为一个八元组（A，B，C，D，E，F，G，H）。

假设：A和B是合法且合理的汽车数据交互方，C是有价值且敏感的汽车数据，D是符合法律和道德的汽车数据使用目的，E是复杂且不可靠的汽车数据传输环境，F是保证C不被非法窃取、篡改、泄露或滥用的安全属性，G是实现F的安全措施，H是评估G的安全效果。

基于以上定义和假设，可以提出以下公理：

公理一：针对数据泄露的汽车数据安全防护是一个动态且持续的过程，需要根据 C、D、E 等因素不断调整和优化 G、H。

公理二：针对数据泄露的汽车数据安全防护需要遵循最小权限原则，即只有在满足 D 的前提下，才能访问和使用 C，并且只能访问和使用 C 中必要的部分。

公理三：针对数据泄露的汽车数据安全防护需要遵循最小暴露原则，即在传输、存储和处理 C 时，尽量减少 C 暴露给 E 或其他第三方的时间、范围和程度。

公理四：针对数据泄露的汽车数据安全防护需要遵循最小信任原则，即在与 B 或其他第三方交互 C 时，尽量减少对他们的信任程度，并采用相应的验证和加密手段。

公理五：针对数据泄露的汽车数据安全防护需要遵循最小风险原则，即在面临 E 或其他第三方可能发起的攻击时，尽量减少 C 受到损害或泄露的风险，并采用相应的备份和恢复手段。

基于以上公理，可以得出以下推论：

推论一：针对数据泄露的汽车数据安全防护需要综合考虑软硬件两个层面，软件层面主要包括加密、认证、访问控制、审计等技术，硬件层面主要包括可信计算、物理隔离、防篡改等技术。

推论二：针对数据泄露的汽车数据安全防护需要协调好 A 和 B 之间的利益平衡，既要保障 A 对 C 的所有权和控制权，又要保障B对C的访问权和使用权，同时要尊重C中涉及的个人或社会的隐私权和公共利益。

推论三：针对数据泄露的汽车数据安全防护需要建立一个有效的安全评估和监督机制，通过定期或实时检测和分析G的运行状态和H的安全指标，及时发现和解决安全问题或消除隐患，提高安全防护水平和信心。

二、针对数据投毒的安全防护

为了防御机器学习中训练数据投毒攻击，目前已经研究出了一些防御机制，但是，这些防御技术在很大程度上是针对一种特定类型的攻击而设计的，可能不适用于其他类型的攻击。这主要是由于攻击行为在攻击过程中遵循不同的原理。例如，通过识别和重建后门触发器来缓解后门攻击（投毒攻击的一类）。这种防御可以检测到某些统一的后门触发器，但是在将可变扰动添加到训练数据中时防御会失败。在另一种情况下，一些研究者使用邻近算法来防御标签翻转攻击（另一种投毒攻击），但是这种方法不能应用于在回归的情况下的投毒攻击防御。迄今为止，针对投毒攻击的通用防御策略很少，没有能够有效防御大多数投毒攻击的防御方法。

常用的防御方法有如下几种：

①使用鲁棒性机器学习。鲁棒性机器学习是一种能够抵抗数

据中毒和对抗攻击的机器学习方法，它可以在训练和测试阶段检测和纠正数据中的异常或错误。鲁棒性机器学习可以通过多种技术实现，比如使用异常检测、对抗训练、元学习等技术。面对投毒攻击行为，其中一种防御方法便是通过提高模型的鲁棒性来限制投毒数据的影响。已有的研究提出引导聚集算法（Bagging算法，Bootstrap aggregating）和 RSM（Reflective Shadow Maps）算法两种方法来提高模型的鲁棒性。Bagging算法主要是赋予数据集内可信度较低的样本较低的采样概率，从而采集数据集内的样本，以达到降低不可信数据点对模型的影响。RSM 算法是通过随机采集样本点的特征空间内特征的方式来降低不可信特征对模型的影响。提高模型鲁棒性的方法虽然在一定程度上能够降低投毒数据对模型的影响，但是不能够从根本上消除投毒数据对模型造成的不良影响。

②使用安全编码规范。安全编码规范是一种规范化和标准化的机器学习源代码开发和部署过程的方法，它可以避免或减少源代码中出现恶意代码或错误逻辑。安全编码规范可以通过多种技术实现，比如使用代码审计、静态分析、动态分析等技术。

③使用多源数据进行交叉验证。除了用户反馈信息外，还可以使用其他数据源，如卫星地图、交通监控、路况信息等，来检查和评估路线的可行性和安全性。

④使用异常检测和聚类分析来识别和排除异常或恶意的反馈。可以根据某一反馈的时间、地点、频率、内容等特征，来判

断该反馈是否与正常的反馈模式相符，或者是否与其他用户的反馈一致。

⑤数据清洗。数据清洗主要是对训练数据集进行清洗，筛选出投毒数据。有学者提出一种针对垃圾邮件检测系统的投毒数据检测方法，该方法将待检测样本加入正常训练数据集生成一个新的训练数据集，通过对比基于正常数据集生成的原始模型与新的训练数据集生成的模型，对同一测试数据集预测精度的差别来确定待检测样本的属性。然而，当训练数据集内较多实例被攻击时，该方法检测效果较差。

(一)基于二分类学习、数据复杂度的投毒数据检测方法

针对机器学习模型训练过程中，攻击者利用修改原始训练数据生成投毒数据的方式对机器学习模型进行投毒攻击的问题，研究人员提出了一种基于数据复杂度的投毒数据检测方法。该方法在正常数据集的基础上，应用梯度上升策略对正常数据集内的样本实例进行自我投毒，通过挖掘自我投毒产生的投毒数据对正常数据集数据复杂度的影响，训练能够辨别投毒数据的检测模型。该方法在选定应用场景中的检测准确率相比现有方法效果更好。实验结果表明，投毒数据能够有效降低机器学习模型预测能力，应用基于数据复杂度的检测方法能够有效检测投毒数据，降低投毒数据对模型预测能力的不良影响。

数据复杂度是指通过一些统计学方法来提取数据集特征，表

征数据集内实例分类的难易程度。数据集特征的挖掘主要通过以下几种方式实现：单一维度内特征的重叠程度度量方法 F_1、F_2、F_3，类的可分性度量方法 L_1、L_2，分类器几何特征度量方法 L_3、N_3 和不同类簇的拓扑结构度量方法 N_1、N_2、N_4。挖掘数据集特征后，通过上述特征表征数据集内实例的可分性。具体数据复杂度特征如表3所示。

表3　数据复杂度特征

特征类别	含　义	特征类别	含　义
F_1	费舍尔辨别率	L_3	非线性分类器的非线性特性
F_2	交叉重叠体积	N_1	最小生产树异类实例点
F_3	重叠区域数据点数/总数据点数	N_2	同类实例与异类实例距离比
L_1	线性分类器的误差	N_3	INN分类器的错误率
L_2	距离标准化	N_4	INN分类器的非线性特性

　　为实现投毒攻击的有效性，投毒攻击者必须通过改变正常数据的标签或者特征值来改变数据原有的分布规律，这种攻击方式将使原有数据集特征（数据复杂度）发生变化。本节在人工生成投毒数据的基础上，通过训练检测模型，不断挖掘投毒数据与正常数据对原有数据集的数据特征（数据复杂度）的不同影响，从而使检测模型具有鉴别投毒数据与正常数据的能力。为实现上述过程，笔者将基于数据复杂度的投毒数据检测方法主要分为三个阶段：①模型训练者对正常数据进行基于梯度上升策略的自我投

毒阶段；②挖掘投毒数据以及正常数据对原始数据集数据复杂度的影响阶段；③基于上述量化的数据复杂度影响的训练检测模型阶段。

给定算法中所涉及的符号 D 定义为训练者拥有的正常数据集。采取不放回抽样的方式从 D 中抽取数据实例，生成算法中所使用的各个数据集。

正常数据集：

$$D_n = \left\{ \left(x_n^1,\ y_n^1 \right), \left(x_n^2,\ y_n^2 \right),\ \cdots, \left(x_n^i,\ y_n^i \right),\ \cdots, \left(x_n^m,\ y_n^m \right) \right\}, \quad (3.1)$$

$\left(x_n^i,\ y_n^i \right)$ 表示未经投毒攻击的正常数据实例。

训练机器学习模型所用的训练数据集合：

$$D_t = \left\{ \left(x_t^1,\ y_t^1 \right), \left(x_t^2,\ y_t^2 \right),\ \cdots, \left(x_t^i, y_t^i \right),\ \cdots, \left(x_t^m,\ y_t^m \right) \right\}。 \quad (3.2)$$

测试数据集合：

$$D_{ts} = \left\{ \left(x_{ts}^1,\ y_{ts}^1 \right), \left(x_{ts}^2,\ y_{ts}^2 \right),\ \cdots, \left(x_{ts}^i,\ y_{ts}^i \right),\ \cdots, \left(x_{ts}^m,\ y_{ts}^m \right) \right\}。 \quad (3.3)$$

经投毒生成的数据集合：

$$D_p = \left\{ \left(x_p^1,\ y_p^1 \right), \left(x_p^2,\ y_p^2 \right),\ \cdots, \left(x_p^i,\ y_p^i \right),\ \cdots, \left(x_p^m,\ y_p^m \right) \right\}, \quad (3.4)$$

该集合表示基于 D_n 中正常数据实例生成的投毒数据集，$\left(x_p^i, y_p^i \right)$ 表示投毒数据实例。

本书所选的投毒攻击模型表示为 $f_w(x)$，符号 λ 表示数据实例的特征维度。投毒攻击的直接目标是向训练集中注入投毒数据从而获得最小化目标模型 $f_w(x)$ 的预测准确率。在数学上，这个目标可表示为最大化目标模型的测试数据损失值。当目标模型采用均方误差或0-1损失作为损失函数时，中毒的攻击目标可分别表示为：

$$\max_{x_p} L\left(x_{ts}\right) = \sum_{i=1}^{s}\left(f_w\left(x_{ts}^i\right) - y_{ts}^i\right)^2, \tag{3.5}$$

$$\max_{x_p} L(x_{ts}) = \sum_{i=1}^{s}\begin{cases} 1, & f\left(x_{ts}^i\right) \neq y_{ts}^i, \\ 0, & f\left(x_{ts}^i\right) = y_{ts}^i。\end{cases} \tag{3.6}$$

根据式3.6，为了获得目标模型对测试数据更大的损失，可计算损失函数对投毒数据的梯度，通过梯度上升策略优化投毒数据，获得满足收敛条件的损失函数最大值。本节选取式3.6作为目标模型的损失函数，通过以下步骤详细介绍攻击正常数据实例生成投毒数据的过程。

①选取数据集合D_n中数据实例作为初始投毒数据$\bar{x}$，初始化参数$k = 1$，$t = 0$，将数据x加入训练数据集合D_t，训练初始化模型：

$$f_{w(t)}(x): D_t f_w(initialization)。\tag{3.7}$$

②计算模型$F_{w(t)}(x)$对测试数据集合D_{ts}的损失函数值：

$$L_t(x): D_{ts} f_{w(t)}(x)。\tag{3.8}$$

③令$\bar{x}' = \bar{x}$，更新$\bar{x}'$的k维特征值$\bar{x}_k' + \Delta\bar{x}_k k$，加入训练数据集合$D_t$，得到训练模型：

$$f_{w(t+1)}(x): D_t f_w(initialization)。\tag{3.9}$$

④计算训练模型$f_{w(t+1)}(x)$对测试数据集合D_{ts}的损失值：

$$L_{t+1}(x) : D_{ts}f_{w(t+1)}(x)。 \tag{3.10}$$

⑤计算模型损失函数值对投毒数据$\bar{x}$的k维特征值的增量梯度，更新投毒数据$\bar{x}$第k维特征值。

$$\bar{x}_k = \bar{x}_k + \alpha\frac{L_{t+1}\left(\bar{x}_k + \Delta\bar{x}k\right) - L_t\left(\bar{x}_k\right)}{\Delta\bar{x}k}。 \tag{3.11}$$

⑥对于上述步骤中产生的模型损失函数值，如果满足收敛条件$L_{t+1}(\bar{x}_k + \Delta\bar{x}k) \leqslant \beta$（$\beta$为攻击过程所要达到的最大损失函数值），则结束单个实例投毒过程；否则，令$k = k+1$，$k \leqslant \lambda$，$t = t+1$，再重复步骤③。

上述过程实现了针对单个数据实例的投毒过程，通过选取D_n中不同的正常数据实例作为初始投毒数据，可以生成具有不同特征值的投毒数据。攻击者生成投毒数据的目的往往是最大限度地降低目标模型的预测准确率，从而破坏目标模型。为了获得更好的投毒数据检测能力，检测模型需要学习更多具有不同特征值的投毒数据。本节中生成的投毒数据是用于构建检测模型的。当然，对模型造成不同程度损失的投毒数据，均可以作为检测模型的训练数据。

（二）基于样本分布特征的数据投毒防御方法

由于流量样本类别会随时间而发生变化，流量分类模型需频繁更新，但数据驱动的流量分类模型自身存在脆弱性，导致其在模型更新过程中极易受到数据投毒攻击。在此场景下，流量分类模型实现：①以自动化的流程完成样本筛选，并利用筛选好的干净样本进行模型更新；②以较小的代价快速、便捷地实现未知分布样本识别，防止攻击者利用此部分样本构造针对流量分类模型的"0day"攻击；③及时发现投毒数据样本，并对投毒样本进行有效过滤。为了实现上述目标，本节设计了一种基于样本分布特征的数据投毒防御方法。

对于每批用于流量分类模型更新的新增样本，先经过新增样本分布判别器的判别，从该批新增样本中筛选出与自身训练数据分布差异较大及分布差异较小的样本，这两部分样本对于模型而言可分别认为是未知分布样本和已知分布样本。若为未知分布样本，则触发少样本抽检，判断样本是否符合质量，如果符合质量，则将该部分样本作为模型更新训练样本；若不符合质量，则丢弃该新增样本。对于已知分布样本，通过计算模型预测与标注结果一致率，判断其是否符合样本更新要求。如果符合，则使用该部分样本对模型进行更新，否则就丢弃该新增样本。若整个过程没有符合条件的新增样本，则不对模型进行更新，整体数据投毒防御流程如图3所示。

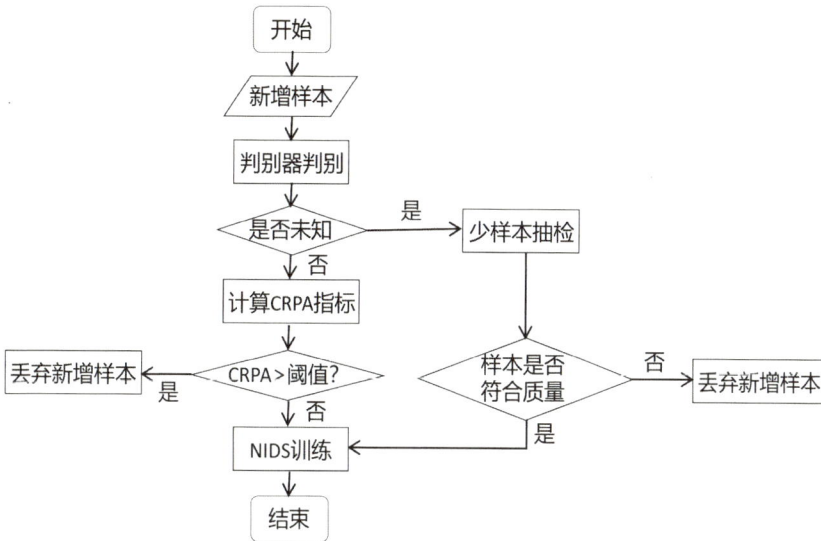

图3　数据投毒防御流程

图3中CRPA的计算公式如下：

$$\text{CRPA} = \frac{1}{k}\sum_{i=1}^{k}I(y_i = y_i'),　\quad (3.12)$$

其中，k是新增样本数量，y_i是样本标注结果，y_i'是模型预测结果。I是指示函数，其值在$y_i = y_i'$时取1，$y_i \neq y_i'$时取0。

第三节 安全多方计算

安全多方计算（Multi-Party Computation）的目标是允许一组相互独立的数据所有方在互不信任且不信任任何公开第三方的条件下，以各自的秘密为输入联合完成某个函数的计算。安全多方计算是一种密码学技术，它可以让多个参与方在不泄露各自私密数据的情况下，共同计算一个目标函数。安全多方计算的理论知识包括以下几个方面：

①安全模型。安全模型用来定义安全多方计算的安全性要求和假设框架，它包括对手模型、通信模型、计算模型和安全定义等。对手模型描述了对手可以控制和攻击哪些参与方；通信模型描述了参与方之间的通信方式和能力；计算模型描述了参与方可以执行的计算类型和复杂度；安全定义描述了安全多方计算的目标和保证。

②可行性和复杂性。可行性和复杂性用来刻画安全多方计算的可能性和效率，它包括可行性定理、复杂性界、通信复杂性、计算复杂性等。可行性定理证明了在给定的安全模型下，任意函数都可以被安全多方计算；复杂性界给出了实现安全多方计算所需的最小资源或开销；通信复杂性度量了参与方之间交换的信息量；计算复杂性度量了参与方执行的操作数。

③构造技术。构造技术是用来设计和实现安全多方计算协议

的方法和工具，它包括电路表示法、秘密分享、同态加密、不经意传输、零知识证明、混淆电路等。电路表示法是将目标函数转化为由基本门组成的电路的技术；秘密分享是将私密数据分割为多个部分并分发给不同的参与方的技术；同态加密是允许在密文上进行运算并得到正确结果的加密技术；不经意传输是让发送方发送多个信息而接收方只能选择其中一个接收的通信技术；零知识证明是让证明方向验证方证明某个命题为真而不泄露任何其他信息的交互技术；混淆电路是将电路变换为功能等价但难以分析的形式的技术。

安全多方计算在汽车当中的应用很多。在汽车数据共享方面使用安全多方计算可以让不同的利益方在不暴露各自敏感数据的情况下，实现数据的共享和分析。比如，保险公司不需要知道汽车的具体位置和驾驶者的身份便可以根据汽车的行驶数据评估风险和定价。在汽车联网协作方面，使用安全多方计算，可以让汽车之间或者汽车与基础设施之间在不泄露各自的状态和意图的情况下，实现协调和优化。比如，汽车之间可以通过安全多方计算实现拥堵避免、碰撞预防、路线规划等功能。在汽车智能合约方面，使用安全多方计算，可以让汽车参与智能合约时，在不泄露各自的私钥和交易细节的情况下，实现签名和验证。比如，汽车可以通过安全多方计算实现租赁、出售、维修等服务。

基于安全多方计算的车载网络隐私保护方案包含三个阶段：注册阶段、认证阶段和更新阶段。注册阶段：车辆单元（On

Board Unit，OBU）节点 V_p 和路侧单元（Road Side Unit，RSU）节点 R_s 在可信服务中心（Trust Authority，TA）处进行注册登记，TA为它们颁发各自的认证信息。认证阶段：若 V_p 进入某个区域并需同 R_s 进行通信，R_s 先对 V_p 进行匿名认证。更新阶段：当有车辆节点加入或撤离后，V_p 与 R_s 定期到TA更新认证信息。OBU与RSU的认证框架如图4所示。

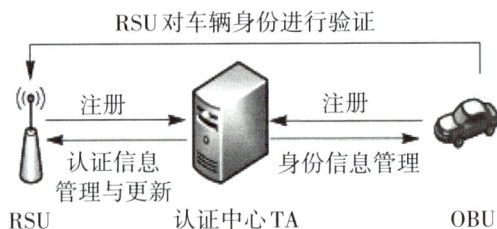

图4　OBU与RSU的认证框架

本方案涉及的相关符号说明如表4所示。

表4　符号说明

符　　号	含　　义
G	阶为 q 的乘法循环群
g,h	循环群 G 上的生成元
Y_1,Y_2	DDH问题上的2个分布
TA	可信服务中心
R_s	路侧单元节点
V_p	车辆节点
A	$m \times n$ 维矩阵
y	m 维列向量
x	n 维列向量
D_i	随机矩阵
M_i	V_p 拥有的 t 个消息
δ_i	R_s 选择的 k 个消息

方案具体过程如下：

①注册阶段。

步骤一：

TA 随机生成一个 $m \times n$ 维的矩阵 A（$2 \leqslant m < n$）和一个 m 维的列向量 y，满足 $R(A) = R(\bar{A}) < n$，即线性方程组 $Ax = y$ 有无穷多解。

步骤二：

TA 为每个合法车辆节点生成唯一的 n 维向量 x_i，且 x_i 满足 $Ax_i = y$，即 x_i 为线性方程组 $Ax = y$ 的一个解。TA 将向量 x_i 颁发相应的车辆节点 V_p 作为其身份信息。相应地，TA 将矩阵 A 和向量 y 通过安全信道发送给每个 R_s 节点作为认证信息。

②认证阶段。

当 V_p 进入 R_s 区域需要进行通信时，V_p 向 R_s 发送身份认证请求，R_s 对其身份进行认证，判定其是否为合法用户。

步骤一：

V_p 向 R_s 发送认证请求，并且 V_p 随机选择 2 个 G 的生成元 g、h，并发送（g，h）给 R_s。

步骤二：

R_s 收到车辆节点的认证请求之后，随机选择 $k \in Z_q$，产生 k 个随机矩阵 D_1，D_2，$\cdots$，D_k，使 $A = D_1 + D_2 + \cdots + D_k$。$R_s$ 产生一个秘密随机数 t，令 $t > k$，R_s 发送（H_1，H_2，$\cdots$，H_t）给 V_p，其中 $H_i = D_j$（这里 i 与 j 都是随机的），在（H_1，H_2，$\cdots$，H_t）中，除 H_i 外，其余的均为随机矩阵。

步骤三：

对所有的 $i=1$, 2, $\cdots$, t, V_p 计算 $H_i x + r_j$, 这里 r_j 是一个随机向量。V_p 拥有 t 个消息 m_1, m_2, $\cdots$, m_t, 其中 $m_1 = H_1 x + r_1$, $m_2 = H_2 x + r_2$, $\cdots$, $m_t = H_t x + r_t$。$(\delta_1, \delta_2, \cdots, \delta_k) \in (1, 2, \cdots, t)$ 表示 R_s 选择的 k 个消息。利用茫然传输协议，R_s 取回结果 $H_i x + r_j = D_j x + r_j$。

步骤四：

R_s 计算：

$$W = \sum_{j=1}^{t} D_j x + \sum_{j=1}^{t} r_j = Ax + r,$$

$$y' = W - r = Ax。$$

若 $y'=y$, 则认证通过，否则拒绝该认证消息。

③更新阶段。

方程组

$$\begin{cases} Ax_1 = y, \\ Ax_2 = y, \\ \quad \cdots \\ Ax_n = y。 \end{cases}$$

当 x_1, x_2, $\cdots$, x_n 已知时，可以求 A 和 y。其中，A 是 $m \times n$ 阶矩阵，y 是 m 维列向量。若有新的节点加入或节点撤销，则可以利用现有的节点 x，由注册服务器重新计算 A 和 y 的一个解，并作为认证信息发送给 R_s。

我们不难证明，上述方法对于请求发送者的隐私是安全的，对于请求接收者来说也是安全的。

第四节 匿名化处理

《汽车数据安全管理若干规定（试行）》中明确提出，国家鼓励汽车数据依法合理有效利用，倡导汽车数据处理者在开展汽车数据处理活动中坚持脱敏处理原则，尽可能进行匿名化、去标识化等处理。为了促进有关要求的有效实施，并规范匿名化处理的技术方案与要求，中国汽车工业协会、商汤绝影、上海机动车检测认证技术研究中心于2021年9月联合牵头，与行业企业共同制定《汽车传输视频及图像脱敏技术要求与方法》。该团体标准已于2022年8月18日正式发布。

数据匿名化是一种常用的隐私保护方法，旨在对敏感数据进行处理，以减少个体的可识别性。以下是一些常见的数据匿名化方法：

①数据泛化（Data Generalization）：将数据中的属性值替换为更一般或抽象的值。例如，将具体的年龄值（如25岁）泛化为年龄段（如20~30岁）。

②数据脱敏（Data Masking）：对敏感数据进行替换或删除，以避免直接泄露个体信息。例如，将姓名替换为匿名的标识符或使用伪造的名称。

③数据扰动（Data Perturbation）：对数据进行随机化或添加噪声，以混淆敏感信息。例如，对数值属性添加随机扰动，使得

数据值有一定的偏移或模糊化。

④数据交换（Data Swapping）：将数据集中的某些属性值进行交换，使得个体信息无法与特定属性值关联。例如，交换不同个体的出生日期或邮政编码。

⑤数据抽样（Data Sampling）：从原始数据集中选择一部分样本进行分析和共享，以减少个体的数量和可识别性。

⑥数据加密（Data Encryption）：对数据进行加密，使得只有授权的用户才能够解密和访问原始数据。

⑦差分隐私（Differential Privacy）：通过向数据添加噪声，使得个体的贡献几乎不可区分，保护个体的隐私信息。

举例来说，汽车通过摄像头收集车外音视频信息时，可能会捕捉到行人的人脸、其他车牌等信息。如果这些数据需要向外界提供，为了防止他人信息的泄露和滥用，应当进行匿名化处理，例如删除含有能够识别自然人的画面，或对这些画面中的人脸、车牌等进行局部轮廓化处理等。另一个例子是，通过卫星定位、通信网络等方式获取的汽车位置轨迹数据，可能会暴露车主或驾驶人的出行习惯、目的地、偏好等个人信息。如果这些数据需要向境外提供，为了防止个人信息的泄露和滥用，应当进行匿名化处理，例如对位置坐标进行扰动或加噪处理，或对轨迹进行分段或聚类处理等。

数据匿名化方法可以单独使用或结合使用，需根据具体的隐私需求和数据特点选择适当的匿名化方法。需要注意的是，数据匿名化并非绝对安全，仍存在一定的隐私泄露风险。因此，在实际应用中，我们需要综合考虑隐私保护的效果和数据可用性，并采取适当的匿名化措施来保护个体隐私。

汽车企业应建立数据脱敏后的检验机制。例如，脱敏后的视频或图像可以从汽车传输至云端或第三方。数据脱敏操作应确保无法识别出视频或图像中的人脸和车牌信息，并保证多帧无法还原信息，确保经车端数据处理设备脱敏后的数据达到相应标准。相应的评价和检验措施包括但不限于建立敏感数据识别机制、脱敏数据控制权限、数据脱敏效果评估制度、数据脱敏审计制度等。

虽然现有的匿名化处理方法可以在一定程度上保护汽车数据的安全性和隐私性，但仍存在一些挑战和问题。例如，如何提高匿名化处理的效率和准确性，如何应对不断发展的攻击技术，以及如何在保证数据隐私的同时，保持数据的可用性等。因此，未来的研究需要进一步探索这些问题，并寻求解决方案。

参考文献

[1] 戴维·埃文斯,弗拉基米尔·科列斯尼科夫,迈克·罗苏莱克.实用安全多方计算导论[M].北京:机械工业出版社,2021.

[2] 翟强,程洪,黄瑞,等.智能汽车中人工智能算法应用及其安全综述[J].电子科技大学学报,2020(4):490-498,510.

[3] 景慧昀,魏薇,周川,等.人工智能安全框架[J].计算机科学,2021(7):1-8.

[4] 亢飞,李建彬.基于数据复杂度的投毒数据检测方法[J].计算机应用研究,2020(7):2140-2143.

[5] 梅莉蓉,郭晓黎,张小琼.基于密码的数据安全防护体系研究[J].信息安全与通信保密,2022(9):48-56.

[6] 任奎,孟泉润,闫守琨,等.人工智能模型数据泄露的攻击与防御研究综述[J].网络与信息安全学报,2021(1):1-10.

[7] 宋成,张明月,彭维平,等.基于安全多方计算的车载网隐私保护机制[J].北京邮电大学学报,2017(3):67-71.

[8] 王琛,陈健,张旭鑫,等.一种机器学习训练数据受投毒攻击的防御方法:202010694241.6[P].2021-05-18.

[9] 中国汽车工业协会数据分会.汽车传输视频及图像脱敏技术要求与方法:T/CAAMTB77-2022[S].

[10] LI B, WANG Y, SINGH A, et al. Data poisoning attacks on factorization-based collaborative filtering[C]//Advances in Neural Information Processingsystems, 2016:1885-1893.

[11] XIAO H, BIGGIO B, BROWN G, et al. Is feature selection secure against training data poisoning[C]//International Conferenceon Machine Learning, 2015:1689-1698.

第四章

汽车数据安全测试技术

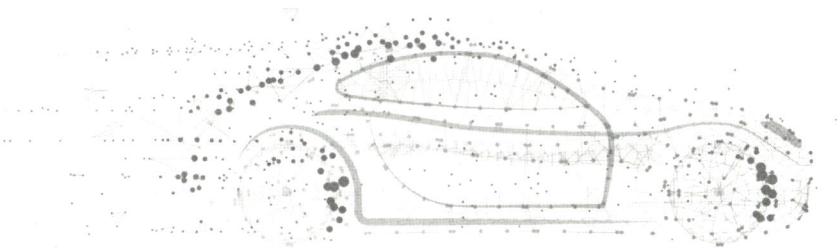

第一节　基于芯片的数据安全测试技术

一、HSM 测试

硬件安全模块（Hardware Security Module，HSM）是一种用于保护加密密钥和执行加密操作的硬件设备。它具有高度的安全性和可靠性，常被用于金融、电信、政府等领域的安全系统中。为了确保 HSM 的质量和可靠性，需要进行严格的测试。HSM 测试一般包括：

（1）功能测试：验证 HSM 设备的基本功能运行情况，如密钥管理、加解密算法的支持、访问控制、密码学随机数生成等，验证 HSM 是否按照规范提供了各种必要的功能。测试步骤如下：

①确定测试需求和测试计划。

②针对 HSM 设备的各项功能，设计并执行测试用例。

③运行测试用例，验证 HSM 的各项功能是否按照规范进行工作。

④记录测试结果并分析是否满足预期要求。

（2）安全性测试：验证 HSM 的安全机制，如对 HSM 中的密钥进行破解尝试、对 HSM 的访问权限进行渗透测试、对 HSM 的物理防护措施进行攻击测试等，评估 HSM 抵御攻击的能力。测试步骤如下：

①确定测试目标和攻击模型。

②对HSM设备进行安全审计，包括对物理防护、访问控制等方面进行评估。

③进行渗透测试，尝试破解HSM中的密钥或获取未授权的访问权限。

④分析测试结果并提出改进建议。

（3）性能测试：评估HSM的各种性能，包括加解密速度、密钥生成速度、响应时间等方面的性能指标，确定HSM在实际使用中的性能表现是否满足系统需求。测试步骤如下：

①确定性能测试指标，并设置测试环境。

②进行压力测试，验证HSM在高负载情况下的性能表现。

③测试加解密速度、密钥生成速度等性能指标。

④记录测试结果并进行性能分析。

（4）兼容性测试：验证HSM与其他系统的兼容性，包括测试HSM与操作系统、应用程序、网络设备等的兼容性，确保HSM能够无缝集成到现有系统中。测试步骤如下：

①确定兼容性测试范围和测试环境。

②对HSM与操作系统、应用程序、网络设备等进行集成测试。

③验证HSM在不同环境下的兼容性。

④记录测试结果并分析是否满足兼容性要求。

（5）可靠性测试：分别测试HSM设备在长时间运行和异常情况下的稳定性，包括HSM的故障恢复能力、高负载压力测试、异常条件测试等，评估HSM在实际运行中的稳定性和可靠性。测试步骤如下：

①设计可靠性测试场景和测试用例。

②在设定时间段内对HSM进行长时间运行测试。

③模拟异常情况，如断电、网络中断等。

④验证HSM的故障恢复能力和稳定性。

⑤记录测试结果并进行评估。

（6）补丁和更新测试：随着技术的进步和安全威胁的不断变化，HSM设备需要定期进行补丁和更新。补丁和更新测试是对HSM设备的固件、软件和配置进行测试，确保补丁和更新的可靠性和安全性。测试步骤如下：

①确认补丁和更新的内容，并制订测试计划。

②在测试环境中应用补丁和更新。

③运行功能、安全性、兼容性等方面的测试用例，验证补丁和更新的效果。

④记录测试结果，并确保修复了已知的问题。

上述测试保证了HSM设备的功能完整性、安全性和可靠性，使其能够在安全系统中发挥有效的作用。需要注意的是，以上测试步骤和方法仅供参考，具体测试的步骤和方法可以根据实际情况而有所调整。此外，测试过程应该充分考虑安全性和机密性，确保测试数据和结果的保密性。

二、安全芯片测试

安全芯片是指具有较高安全性能的集成电路芯片，用于保护敏感信息和防止恶意攻击。安全芯片测试是对芯片进行安全性评估和验证的过程，旨在发现潜在的安全漏洞和弱点，并确保芯片具备预期的安全特性。安全芯片测试通常包括以下几个方面：

①漏洞和弱点分析：对芯片进行静态和动态分析，识别可能存在的软件和硬件漏洞，包括缓冲区溢出、无效输入验证等。

②安全协议测试：验证芯片是否正确实施了安全协议，如认证、加密、密钥管理等，以确保其在通信和数据传输过程中的安全性。

③攻击模拟：通过模拟各种攻击场景，如侧信道攻击、物理攻击、非法存取等，评估芯片的防护能力和抗攻击性能。

④安全性证明：通过安全审计和验证，对芯片的安全设计和实施进行审查和验证，以确定芯片是否符合相关安全标准和规范。

⑤漏洞修复和改进：对测试中发现的漏洞和弱点进行修复和改进，并验证修复后芯片的安全性。

安全芯片测试是确保芯片在设计、制造和使用过程中具备高度安全性的重要环节，以保护芯片所涉及的关键数据和系统的安全。常见的测试技术和方法分为以下几类：

①物理侧信道分析（Physical Side-Channel Analysis）：通过观察芯片在运行过程中产生的功耗、电磁辐射、时钟频率等物理特征，来推断其中的密钥或算法，从而进行攻击。常用的物理侧信道攻击包括功耗分析、时钟频率分析和电磁分析等。

②逻辑分析（Logical Analysis）：对芯片的逻辑功能进行测试，以验证其是否符合设计要求，并检测是否存在漏洞或后门。这种测试方法通常包括功能验证、边界扫描、逆向工程和形式验证等。

③比较测试（Comparative Testing）：将被测芯片与已知安全性的标准芯片进行比较，以检查其是否存在任何异常或差异。这种方法可以帮助检测到可能存在的恶意修改或未知功能。

④硬件安全评估（Hardware Security Assessment）：通过对芯片进行物理破解、显微镜检测、PA（Protected Areas）检测等手段，来评估其安全性和抵抗物理攻击的能力。

安全芯片测试步骤大致如下：

①确定测试目标：明确测试目标，包括测试的安全要求、所需测试技术和方法等。

②芯片准备：选择合适的测试环境和设备，准备测试用例和测试工具。

③物理侧信道测试：执行物理侧信道分析，收集芯片在运行过程中产生的物理信号数据。

④逻辑分析测试：执行逻辑分析，对芯片的逻辑功能进行测试，验证其是否正常工作，并检测是否存在漏洞或后门。

⑤比较测试：将被测芯片与标准芯片进行比较，检查是否存在异常或差异。

⑥硬件安全评估：通过物理破解、显微镜检测、PA检测等手段，评估芯片的安全性和抵抗物理攻击的能力。

⑦分析和报告：对测试结果进行分析，生成测试报告，并提出安全问题和改进建议。

需要注意的是，安全芯片测试需要综合考虑多种技术和方法，从而确保对芯片的安全性进行全面的评估。同时，测试过程需要保证其独立性、保密性和可靠性。

三、芯片信息安全测试

芯片信息安全测试是针对芯片的信息安全性进行评估和验证的过程。它主要关注芯片在数据存储、处理和传输方面的安全性，以保护芯片中的敏感信息，防止数据被非法获取、篡改或泄露。芯片信息安全测试通常包括以下几个方面：

①密钥管理：测试芯片中用于加密和解密数据的密钥管理机制，包括密钥生成、密钥存储、密钥更新等，确保密钥的安全性和有效性。

②数据安全性：测试芯片中对存储的数据进行保护的机制，

包括数据加密、访问控制、完整性保护等，以防止数据泄露、篡改或非法访问。

③随机数生成：测试芯片中用于生成随机数的机制，如伪随机数生成器（PRNG），以保证生成的随机数具有足够的随机性和不可预测性。

④安全协议实现：测试芯片中实现的各种安全协议，如SSL/TLS、IPScc等，验证其正确性和安全性，以保护数据在通信过程中的安全。

⑤侧信道攻击：测试芯片的抗侧信道攻击能力，如通过功耗、电磁辐射等侧信道信息分析攻击，评估芯片对此类攻击的抵抗能力。

⑥安全审计和验证：通过对芯片的设计和实施进行审查和验证，以确定其符合相关的安全标准和规范，保证芯片具备高度的信息安全性。

芯片信息安全测试的一般步骤为：

①确定测试目标和测试策略。

②准备测试环境和测试工具。

③进行功能测试，包括逻辑功能测试、接口功能测试等。

④进行安全功能验证，测试芯片的安全功能，如密钥管理和数据加解密等。

⑤进行抗攻击测试，测试芯片的抗攻击能力。

⑥进行安全性评估，对芯片的物理安全性和逻辑安全性进行

综合评估。

⑦分析测试结果，生成测试报告，提出安全问题和改进建议。

通过芯片信息安全测试，可以评估芯片在安全性方面的强度和可靠性，提前发现和修复潜在的安全漏洞和风险，保障芯片和相关系统的数据安全。

此外，芯片信息安全测试和 HSM 测试有一些相似之处，都专注于测试和验证芯片的安全性能和安全功能；都使用一系列测试技术和方法，包括功能验证、安全功能验证、抗攻击测试等；都需要考虑在测试过程中保护测试环境的安全，以防止出现泄露或敏感信息。其不同之处在于芯片信息安全测试更全面，覆盖范围更广，而 HSM 测试更专注于硬件安全模块本身的安全性能评估。

第二节 基于算法的数据安全测试技术

数据安全软件检测技术是一种用于评估和保障数据安全软件的质量和性能的技术，它可以在软件的开发、部署和运行过程中，对软件的功能、安全、可靠性等方面进行有效的检测和验证，从而测试软件数据的安全性能。数据安全软件检测技术可以分为以下几个类型：

①静态检测技术：静态检测技术是一种在不运行软件的情况下，对软件的源代码或二进制代码进行分析和评估的技术，它可以发现软件中的语法错误、逻辑错误、安全漏洞等问题。静态检测技术可以通过多种方式实现，比如使用代码审计、静态分析、符号执行等技术。

②动态检测技术：动态检测技术是一种在运行软件的情况下，对软件的输入输出、行为、性能等方面进行检测和评估的技术，它可以测试软件的功能正确性、安全性、可靠性等属性。动态检测技术可以通过多种方式实现，比如使用单元测试、集成测试、系统测试、模糊测试、渗透测试等技术。

③形式化验证技术：形式化验证技术是一种使用数学方法和工具证明软件满足其规范或属性的技术，它可以提供软件的正确性和安全性的保证。形式化验证技术可以通过多种方式实现，比如使用模型检查、定理证明、抽象解释等技术。

一、静态检测技术

代码审计是一种人工检查软件源代码质量和安全性的方法。它可以发现源代码中的不规范、不合理、不安全的编程习惯和缺陷，以及可能导致软件功能异常、性能下降、安全风险的漏洞。代码审计可以通过人工或辅助工具进行，其中辅助工具包括代码审计工具、代码规范工具等。

静态分析是一种利用数学方法和工具对软件源代码或二进制代码进行语法、语义、逻辑等方面分析和推理的方法。它可以在不运行软件的情况下，对软件的功能、性能、安全等属性进行预测和验证。静态分析可以通过多种方式实现，比如使用抽象解释、数据流分析、控制流分析等技术。

符号执行是一种利用符号变量代替具体值执行软件源代码或二进制代码的方法。它可以在不运行软件的情况下，对软件所有可能执行的路径进行探索和测试，从而发现软件中的错误和漏洞。符号执行可以通过多种方式实现，比如使用约束求解器、路径选择策略、路径剪枝等技术。

二、动态检测技术

单元测试是一种对软件中最小可测试单元进行检查和验证的

技术，它可以确保软件中每个单元都能按照预期工作。单元测试通常由开发人员编写和执行，并使用一些专门的工具和框架，比如JUnit、TestNG等。单元测试可以提高软件的质量和可维护性，也方便后续的集成测试和系统测试。

集成测试是一种对软件中多个单元或模块进行组合和协调的技术，它可以检测各单元之间的接口和交互是否正确和有效。集成测试通常由开发人员和测试工程师共同进行，使用一些专门的工具和方法，比如Mockito、Stubby等。集成测试可以发现软件在结构和设计上的缺陷，也可以提高软件的稳定性和兼容性。

系统测试是一种对整个软件系统进行功能和非功能两方面测试的技术，它可以验证软件是否满足用户和业务需求。系统测试通常由测试工程师或用户代表进行，并使用一些专门的工具和标准，比如Selenium、ISO/IEC25010等。系统测试可以发现软件在需求和规范上的缺陷，也可以评估软件的性能、可用性、安全性等。

模糊测试是一种对软件输入进行随机或异常变化的技术，它可以触发软件中潜在的错误或漏洞。模糊测试通常由安全工程师或研究人员进行，并使用一些专门的工具和算法，比如AFL、Peach等。模糊测试可以发现软件中难以预测或发现的缺陷，也可以提高软件的鲁棒性和安全性。

渗透测试是一种模拟黑客攻击的技术，它可以评估软件的安全防护能力和风险水平。渗透测试通常由安全工程师或专业机构进行，并使用一些专门的工具和方法，比如 Metasploit、OW ASP 等。渗透测试可以发现软件中存在的安全漏洞或弱点，也可以提供相应的修复建议或防御措施。

三、形式化验证技术

模型检查是一种利用有限状态机（Finte-state Machine，FSM）或其他形式化模型来表示软件的行为和属性的技术，它可以自动地遍历所有可能的状态和转移，检查是否存在违反属性的情况。模型检查可以有效发现软件中的死锁、不可达性、不变性等问题。模型检查的优点是技术的完备性和自动化，缺点是该技术存在状态爆炸问题和可扩展性问题。

定理证明是一种利用逻辑演算和推理规则构造软件满足其属性的数学证明的技术，它可以对无限状态或无界时间的软件进行分析，提供最强的正确性保证。定理证明可以处理软件中的复杂性、抽象性、非确定性等问题。定理证明的优点是技术的通用性和可信度高，缺点是技术难度大和人工参与多。

抽象解释是一种利用抽象域和抽象函数近似表示软件的语义和行为的技术，它可以在不损失精度的前提下，对软件进行静态分析和验证。抽象解释可以处理软件中的指针操作、循环结构、递归函数等问题。抽象解释的优点是技术效率高和可定制化，缺点是技术精度受限和系统难以调试。

第三节　匿名化算法测试

匿名化算法测试在汽车数据应用中发挥了关键的作用。其主要目标是对原始的个人身份信息进行转换，使其无法被系统识别，但仍然保留主要的特征和数据统计信息。

一、测试目标与指标

匿名化算法的测试目标是验证隐私保护效果和性能。常用的指标包括：信息损失、唯一性、数据可用性和隐私保护等级。

二、测试方法与流程

1.选择合适的测试数据集

测试数据集应具备较高的真实性和多样性，同时要求包含敏感信息和非敏感信息，以便准确评估算法的可靠性。

2.对比分析

使用不同的匿名化算法对测试数据进行处理，并比较其在不同指标上的表现。对一个匿名化算法好坏的评价包括以下几个方面：

①数据可用性：算法应该能够保持数据集的有用性和可用性；在匿名化过程中尽可能减少数据的损失，使得匿名数据仍然能够保持原始数据的分析和挖掘能力。

②个体隐私保护：匿名化算法应该能够有效地保护个体的隐私信息，使得无法从匿名数据还原出原始个体的身份敏感信息。算法应该能够最大限度地保护个人隐私，对敏感信息进行模糊化、扰动化处理。

③信息利用率：匿名化算法应该在保护隐私的前提下，尽量保留有效的数据信息，使得匿名数据仍然能够支持各种数据分析和业务应用需求。

④匿名化效果：评价匿名化算法好坏的一个关键指标是匿名化效果，即对原始数据的隐私信息和特征进行保护的程度。算法应该能够有效降低数据的唯一性和可识别性，使得匿名数据难以与原始数据进行关联。

综上所述，一个好的匿名化算法应能够在保护个体隐私的同时，最大限度地保持数据的可用性、保护隐私信息和满足信息利用需求。

3.基准模型

建立准确的基准模型，作为性能指标的对照，从而更好地判断匿名化算法的优劣。基准模型的建立包括以下步骤：

①数据准备：需要准备用于测试的原始数据集。这些数据可以包含个人身份信息、敏感数据等。在建立基准模型时，应确保对数据进行匿名化处理，以保护个人隐私。

②确定测试指标：根据匿名化算法的要求确定适当的测试指标。例如，可以考虑数据的信息损失程度、匿名化后的数据质量等。

③选择基准模型：根据数据集和要求，选择适合的基准模型。基准模型可以是已知可靠的匿名化算法，也可以是专门为此目的设计的模型。

④数据预处理：在应用基准模型之前，可能需要进行一些数据预处理步骤，例如去除噪声、数据清洗等。

⑤应用基准模型：根据选择的基准模型的要求，将数据进行匿名化处理。这可能涉及数据加密、数据模糊化等操作。

⑥评估匿名化效果：使用测试指标对匿名化后的数据进行评估。比较匿名化前后的数据质量、信息损失等指标，以判断基准模型的效果。

⑦调整和优化：根据评估结果，对基准模型进行调整和优化。该步骤可能包括选择不同的参数、改进模型结构等。

⑧验证：验证优化后的基准模型的效果，以确保匿名化后的数据质量满足要求。

通过以上步骤，可以建立匿名化算法测试的基准模型，并对匿名化效果进行评估和优化。这样可以确保匿名化算法在保护隐私的同时能够保持数据的可用性和质量。

总之，匿名化测试算法在汽车数据领域的应用为数据的安全性和隐私保护提供了保障，同时也促进了研究人员对大规模数据的分析和进一步研究。在实际应用中，需要综合考虑数据的可用性、匿名性和通用性，选择适合的算法和技术来进行数据的匿名化处理。

参考文献

［1］　景慧昀,魏薇,周川,等.人工智能安全框架［J］.计算机科学,2021(7):
1-8.

［2］　李琦.差分隐私数据发布方法的改进及应用研究［D］.武汉:武汉理工大
学,2018.

［3］　沈传年,徐彦婷.数据脱敏技术研究及展望［J］.信息安全与通信保密,
2023(2):105-116.

［4］　LI B,WANG Y,SINGH A,et al. Data poisoning attacks on factorization-
based collaborative filtering［C］//Advances in Neural Information Process-
ingsystems,2016:1885-1893.

［5］　XIAO H,BIGGIO B,BROWN G,et al. Is feature selection secure against
training data poisoning［C］//International Conferenceon Machine Learning,
2015:1689-1698.

附　录

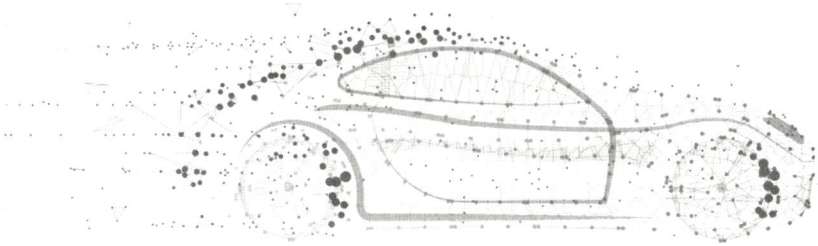

《汽车个人信息保护白皮书(2022)》
（节选）

第二章　汽车个人信息典型应用

在大数据时代，个人信息具有巨大的经济价值，尤其是若干个具有某种共同特性的主体的个人信息按一定的方式组成数据库，经加工、开发以反映某种群体的共性，个人信息的增值空间极大增加。为满足汽车智能网联功能的实现、汽车营销运营的需要，通常对环境信息和个人信息（如行人、轨迹、用户账户、声纹、面貌、行为举止等）进行采集、处理与利用，但不当或过度的采集、处理与利用将导致特定个人的精神、财产利益遭受损害。

一、自动驾驶

（一）定位

位置定位信息由安装在车内的控制器，实时接收卫星导航信号，来计算当前车辆的经纬度坐标，对于一些高精度定位要求的功能，还会结合IMU、轮速、RTK、视觉和点云来进行融合定位。

随着车辆智能网联化的发展，位置定位信息有着广泛的应用，车辆导航系统的应用自不用说，车主还可以通过手机来实时查看车辆当前位置，以便可以在复杂的停车场中寻找车辆，同时在防盗跟踪技术领域也起着重要作用。在智能驾驶功能中，也必须依靠定位信息（结合高精度地图），来获取融合外界环境信息，以及自车的轨迹、行为分析和轨迹规划。还有部分自动驾驶，如代客泊车功能，控制器还会学习和记忆用户在停车场内的泊车路线，用户可以选择已学习的路线，让车辆执行自动驾驶功能，最终代替用户停泊到目标车位上。

注1:IMU(Inertial Measurement Unit)惯性测量单元,测量物体的三轴姿态角和加速度。

注2:RTK(Real Time Kinematic)实时动态技术,通过基准站和卫星站进行的差分定位的技术,提供高精度厘米级别的定位。

（二）外部环境感知

车外视频和图像是车辆重要的视觉感知输入。在智能驾驶中，它可以检测识别出道路结构、交通标识、车位、行人和障碍物等目标。除此之外，如哨兵模式功能可以监控车辆在停车时的异常情况，及时捕获车辆周身视频，并将其传输到车主手机端，来避免车辆停放期间的意外损失。还有部分车辆具备实时监控功能，在远程控制车辆时，可以在手机上查看当前车辆周身环境，提供用户更放心的体验。

二、事件记录

车内摄像头能采集到车内人员实现车内静态或动态画面信号的实时采集，通过麦克风实现车内声音信号的实时采集，并将采集到的音视频信号转换成常用媒体格式，如 MP4、AVI、WAV 等，保存在内存卡中。车载视频记录系统（DVR）可通过有线或无线的连接方式与车载多媒体进行连接，实现可包含个人信息的媒体文件的实时播放和无限制回放。同样也可通过有线或无线网联的方式，实现与移动终端或其他智能终端进行互联，将媒体文件传输给所连接的智能终端产品。

（一）特征识别

汽车中的部分智能系统还可通过摄像头和麦克风等一些设备，采集人体的生物特征信息，如面貌、虹膜、声纹、指纹等等。由于人体特征具有人体所固有的不可复制的独一性，人体特征信息可用于个人身份的鉴定、驾驶员状态识别等。如疲劳监测系统，它是基于驾驶员生理图像反应，利用摄像头捕捉到的驾驶员面部特征、眼部信号或头部活动等，判断驾驶员当前的疲劳状态，并进行适当的报警提示或进一步采取相应的措施。

（二）行为记录

正常的驾驶行为是驾驶员开车习惯一系列动作的行为组合，是车辆、环境、心理和性格等多重因素的综合表现。开展对行为记录的分析，能提示和纠正不良的驾驶习惯。通过与正常驾驶行为的比对，可以判断出驾驶员当前的生理状态，对疲劳驾驶、酒驾等危险驾驶行为提出警示或主动干预。如驾驶员注意力监测系统（DAM），通过多个摄像头和传感器采集车辆加速度、方向盘转角、踏板状态、车辆运行轨迹、面部特征、头部动作等信号，综合分析出驾驶员的驾驶行为是否处于正常范围之内。

三、用户画像

用户画像作为一种勾画目标用户、联系用户诉求、引导设计方向的有效工具，在各领域得到了广泛的应用。在实际操作的过程中，往往会收集用户的属性、行为与状态数据，将其抽象出来进行标签化，通常部分数据可以直接转化为标签，其他部分则通过数据挖掘而得到。这些不同维度标签的集合就构成了一个完整的用户画像。

汽车领域内，在如今以客户为核心的市场环境下，更深入地了解自己的客户，显得尤为重要。站在购买者与使用者的视角，为有效支撑业务需求采集个人和企业客户的基本信息、特征信息、行为偏好等标签信息，按照数据的可得性对标签信息进行梳理、加工、挖掘，准确识别唯一用户，还原完整用户行程，了解用户的需求及喜好，从而实现精准营销、精细化管理运营及用户关系升级维护。如通过用户年龄、性别、性格等要素提供客户差异化服务；通过分析用户偏好配饰，开发精品、后市场维修件品种等。

四、应用程序

（一）实名认证

部分 App 产品在用户使用之前，需要进行实名认证，通过要求车主输入姓名、身份证号码或上传身份证照片、车牌、VIN 码等个人信息进行注册。车主 App 会将这些信息发送到认证服务器中，进行实名认证。认证成功后，车主就可以正常使用 App 各项功能，如蓝牙钥匙、远程控车、查看车辆当前位置等。同时，用户可以在车主 App 中查看已登记的用户或通过扫描二维码等方式在车机上登录账户，实现手机车机互联投屏，为车主提供导航、微信、电话、音乐、语音交互、添加手机音乐等功能。

（二）操控娱乐

越来越多提供车辆服务的 App 产品在智能手机端上应运而生；用户可通过操作 App 软件来操控车辆和接收车辆、资讯娱乐相关信息。

替代传统汽车钥匙，用户只需要携带手机，就可以解锁车辆，进行远程控车，如远程启动、空调控制、车窗控制，甚至还可以分享钥匙给其他手机，通过输入被分享人的手机号、开始时间、结束时间，即可完成分享，车主App还会保存历史分享记录。同时，车主在远离自己车辆的情况下，可使用车主App实现远程控车，通过App远程对自己的车辆进行解锁、热车、开尾箱、温暖、清凉、关车窗和查看车辆所在的位置等。

同时在手机App上，车辆状态一目了然，车主可以随时进行查看。包括远程显示车辆四门开关状态、行驶里程、剩余流量、续航里程、发动机状态等。另外，手机App产品可以轻松获取到用户的部分信息和权限，如位置信息、行为习惯、声纹信息、录音权限等，使得车主可以使用智能语音控制车辆，如语音控制空调、车窗、导航、音乐、电话、发微信等，或通过位置信息、行为习惯等为车主提供个性化定制服务，解放了双手，保证了行车安全。

五、营销维护

早期，汽车营销维护一般通过纸笔记录的方式来留存客户的相关信息，但随着信息化发展至今天，各汽车品牌的营销维护模式发生了很大的改变，大多数4S门店都建设了自己的客户管理系统。客户进店后，按照流程登记并将客户信息录入管理系统。系统中留存数据的增加，都代表着客户资源的不断累积。通过对客户信息的梳理与分析，增加客户黏性，实现了汽车精准营销及客户服务的定制化，同时可实现对门店运营服务质量的监管与改进，大幅提升门店业绩。

除到店服务外，客户也可享受远程诊断服务。与传统诊断不同，维护人员不需要近距离接触车辆，而是通过蜂窝无线网络，在诊断终端上远程获取车辆的故障信息、执行对应诊断修复命令。比起传统诊断方式里，车主一旦发现车辆故障，必须要到4S店解决，并且只能获取到相关历史信息，远程诊断则使得车主可以随时与维修服务中心语音沟通，维修服务中心可以及时通过网络，获取当前故障状态，得到更多信息，为车主提供更加精确的故障修复意见。

第三章　汽车个人信息保护主要技术手段

一、汽车个人信息保护技术需求

本章节根据个人信息保护相关的法规政策要求，从数据脱敏处理、数据车内处理、数据安全传输、数据安全存储、数据安全访问及计算的方面，结合个人信息处理典型场景或隐私风险，提出了常用的个人信息保护技术手段。

序　号	分　类	典型场景/隐私风险	解决的方案/技术
1	数据脱敏处理	汽车在安装的摄像头采集的车外视频、图像中包含人脸、车牌等敏感个人信息	匿名化相关技术
2	数据车内处理	将个人信息数据上传到云平台进行用户画像，存在个人隐私泄露风险	本地计算技术
3	数据安全传输	在个人信息传输的过程中，存在攻击者基于网络IP进行身份跟踪再进行数据关联和身份关联的风险	匿名通信技术

序　号	分　类	典型场景/隐私风险	解决的方案/技术
4	数据安全存储	在汽车端和云平台端存储个人信息,存在被非法查询、获取而造成个人隐私泄漏的风险	数据加密技术、联邦学习
5	数据安全访问及计算	汽车数据在访问及计算的过程中存在个人隐私泄露风险	机密计算技术、安全多方计算、同态加密、PSI隐私集合求交、可搜索加密

(一)数据脱敏处理

汽车在道路上行驶的过程中，车上安装的摄像头采集到的车外视频、图像中可能包含人脸、车牌等敏感个人信息，根据合规要求，采集个人隐私数据需要征得用户授权同意，在无法征得用户同意的情况下，需要采用匿名化相关技术（随机化、泛化、本地差分隐私、K匿名/L多样性等）进行个人信息数据脱敏处理，以保护个人隐私。

(二)数据车内处理

为了提升用户使用汽车相关功能的体验，OEM厂商会将个人信息数据上传到云平台对用户画像。为了减少个人隐私泄露风险，满足车内处理原则，可采用本地计算技术，将个人信息数据

127

在车端本地处理，或者只向车外传输处理过的个人信息。

(三)数据安全传输

在个人信息传输的过程中，存在攻击者基于网络IP进行身份跟踪再进行数据关联和身份关联的风险。通过匿名通信技术在各个网络层隐藏用户的身份，对个人信息进行深层次的保护。

(四)数据安全存储

在汽车端和云平台端存储个人信息，存在被非法查询、获取而造成个人隐私泄露的风险，采用数据加密技术和联邦学习等，基于密钥的管理，控制加密后数据的访问范围（基于目的），达成隐私保护的效果。

(五)数据安全访问及计算

为防止汽车数据在访问及计算的过程中产生个人隐私泄露风险，采用基于可信执行环境的机密计算、安全多方计算、同态加密、PSI隐私集合求交、可搜索加密技术等对参与计算的个人信息数据出信任域的时候进行加密并基于协议保持一定的可计算能力，以对个人信息进行保护。

二、汽车个人信息保护主要技术手段

工欲善其事，必先利其器。个人信息保护除了制度建设，还需要技术手段予以支撑和保障。本节从隐私保护设计（PbD）、汽车个人信息保护通用技术和关键技术三方面展开。

(一)隐私保护设计

1.隐私保护设计技术介绍

PbD将隐私保护的用户导向原则引入到软件、服务设计和使用的各个环节中，将隐私保护前置，主张在系统设计的最初阶段将隐私和数据保护的需求"嵌入其中"，成为系统运行的默认规则，而不是事后简单地"附加其上"。

安·卡沃基博士于2009年发布《隐私保护设计：七项基本原则》一文，提出了隐私保护设计应当遵循的七个原则：

a.积极预防，而非被动救济。

b.隐私默认保护。

c.将隐私嵌入设计之中。

d.功能完整——正和而非零和。

e.全生命周期的保护。

f.可见性和透明性。

g.尊重用户隐私——确保以用户为中心。

国内外的立法实践已经为"通过设计保护隐私"在我国个人信息保护法律中实现法制化提供了重要参考和借鉴，我国可以借鉴欧盟《通用数据保护条例》的立法经验，以《中华人民共和国个人信息保护法》的实施为契机，强调将隐私保护融入设计中，对个人信息隐私进行全生命周期保护，让"通过设计保护隐私"成为信息处理活动、信息产品或服务设计及开发的基本原则。

隐私设计一般从数据生命周期出发，结合产品/系统的具体功能，将数据在收集、存储、使用、转移/传输、加工、提供、公开、销毁各阶段的隐私合规要求以系统需求的形式展现出来，并最终体现在产品功能之中。

2.PbD在汽车领域的应用

（1）数据收集和使用。

PbD的重点在于数据收集和使用的最小化、通知和控制策略的落实。在数据收集和使用环节，产品/服务的研发设计和运营强调数据最小化的收集使用，数据主体应得到充分的告知及提供必要的工具以使个人信息得到充分的保护。若在个人信息处理过程中产生新的个人数据时，亦应遵从个人信息保护的相关监管规定。

（2）数据存储。

在存储环节中，PbD实施重点在于数据存储的最小化、聚合、隐藏策略，即除相关法律法规另有规定或数据主体另有授权外，个人信息的存储期限应为实现数据主体授权使用目的所必需的最短时间，超出该等存储期限后应对个人信息进行删除和匿名化处理。对于数据的存储应采取分类分级措施，对于个人敏感信息采用更为严格的保护措施。

此外，我国《个人信息安全规范》鼓励个人信息控制者在收集个人信息后，宜立即进行去标识化处理，并采取技术和管理方面的措施，将可用于恢复识别个人的信息与去标识化后的信息分开存储并加强访问和使用的权限管理。EDPB的《设计及默认的数据保护指南》还强调应实施默认设置，以防止任何未经授权的数据访问和存储。

（3）数据销毁。

数据销毁，即在数据保存不再具备处理数据的合法目的或用户撤回同意或产品/服务终止运营等情形下，相关数据应及时删除并承诺不会进行数据恢复。达到特定密级的数据，应根据风险评估结果确定是否采用必要的安全销毁方式。

实践中，可借鉴的数据销毁方法包括：将随机数据多次写入相关存储硬盘扇区中；在备份前对数据进行加密，通过将加密密钥与特定的保存期限关联起来，只要销毁特定密钥，就可销毁相关所有数据。

(二)汽车个人信息保护通用技术

1.统计技术

（1）概述。

统计技术是一种对数据集进行去标识化或提升去标识化技术

有效性的常用方法，主要包含数据抽样和数据聚合两种技术。

（2）数据抽样。

数据抽样是通过选取数据集中有代表性的子集来对原始数据集进行分析和评估的，它是提升去标识化技术有效性的重要方法。

对数据抽样技术的选择和使用应注意以下几个方面：

a.从数据集中抽取样本的方法很多，各方法差异很大，需根据数据集的特点和预期的使用场景来选择。

b.数据抽样经常用于去标识化的预处理，对数据集进行随机抽样能够增加识别出特定个人信息主体的不确定性，从而可以提高后续应用的其他去标识化技术的有效性。

c.数据抽样可以简化对数据集的计算，因此，在对大样本的数据集进行去标识化时，首先进行抽样，然后再采用某项特定的技术进行去标识化。

（3）数据聚合。

数据聚合作为一系列统计技术（如求和、计数、平均、最大值与最小值）的集合，应用于微数据中的属性时，产生的结果能够代表原始数据集中的所有记录。

对数据聚合技术的选择和使用应注意以下几个方面：

a.数据聚合可能会降低数据的有用性；若得到的是统计值，则无法反映独立数据记录的特征。

b.数据聚合对重标识攻击非常有效；数据聚合的输出是"统

计值"，该值有利于对数据进行整体报告或分析，而不会披露任何个体记录。

2.密码技术

（1）确定性加密。

确定性加密是一种非随机加密方法。在去标识化过程中应用时，可以用确定性加密结果替代微数据中的标识符值。

对确定性加密技术的选择和使用应注意以下几个方面：

a.确定性加密可以保证数据真实可用，即相同的两个数据用同一密钥进行加密将产生两个一样的密文。

b.确定性加密可以一定程度上保证数据在统计处理、隐私防挖掘方面的有用性，确定性加密也可以生成用于精准匹配搜索、数据关联及分析的微数据。对确定性加密结果的分析局限于检查数据值是否相等。

c.对确定性加密的重标识攻击主要在于不具备密钥使用权时的攻击；关联性攻击则可能适用于采用同一密钥进行确定性加密的密文，攻击能否成功很大程度上取决于对加密算法参数的选择。

（2）保序加密。

保序加密是一种非随机加密方法。用作去标识化技术时，可以用保序加密值替代微数据中的标识符值。

对保序加密技术的选择和使用应注意以下几个方面：

a.密文的排序与明文的排序相同。

b.保序加密可以在有限的范围内保证加密结果在统计处理、隐私防挖掘、数据外包存储与处理等场景中的有用性。保序加密可以用于范围/区间匹配搜索、分析的微数据。对保序加密结果的分析局限于检查数据相等和排序比较关系。

c.保序加密数据的完全重标识仅可能适用于拥有密钥的一方。关联性攻击能否成功很大程度上取决于保序加密方案的参数选择。

（3）保留格式加密。

保留格式加密是一种适宜于去标识化技术的加密方法，加密要求密文与明文具有相同的格式，当作为去标识化技术的一部分加以采用时，可用保留格式加密值替代微数据中的标识符值。

对保留格式加密技术的选择和使用应注意以下几个方面：

a.某些保留格式加密具有与确定性加密技术一样的特点，如相同数据在同一密钥下加密生成同样的密文，且可以通过生成微数据进行精准匹配搜索、数据关联分析等。

b.保留格式加密适用于多种格式的数据，包括字符型、数字型、二进制等，加密结果也是同类型数据。

c.和其他加密技术不一样，在给定有限符号集的情况下，保留格式加密可以保证加密后的数据具有与原始数据相同的格式和长度，这有助于在不需要应用修改的情况下，实现去标识化。

3.匿名化

匿名化的基本思想是数据从个人数据变为非个人数据，以避免处理个人数据的各项风险。这里的匿名化，并不是采用匿名化技术，而是达成数据匿名化的效果；采用的技术可能是匿名化，也可能是其他技术；匿名化包括但是不限于如下支撑技术，实际上随机标识符之类的假名化技术，在一定条件下也是可以达成匿名化效果的。

4.泛化技术

泛化能力的本质是将身份隐藏到一组群体中，形成 N（N 个原始数据）对 1（1个泛化后数据）的效果，使泛化后的数据无法直接关联具体的用户，只能将数据关联到一个群体的范围内。

在不可关联性保护中，泛化主要用于保护标识符、准标识符；其目的是基于将用户主体置于一个足够广泛的群体中，导致信息对用户的关联度足够小；在机密性保护中，泛化可以用来隐藏一些关键的敏感信息，或者降低信息的机密性等级。

5.随机化技术

随机化技术基于在原始数据中添加适当的噪声，以数据的不确定性降低数据的准确度、可信度、关联性，同时提供一定的统计分析能力。具体包括加噪、置换等技术。差分隐私也是一种可度量的随机化技术。

它适用于数值型类型的匿名化处理；对于置换等技术，也适用于其他类型的数据处理；从匿名化的角度来看，随机化的目的是将用户信息加噪后，降低身份的关联性，大部分场景下的本质还是保护不可关联性。

随机化技术已经比较成熟，部分企业具备了随机化和泛化的脱敏能力。

6. K匿名/L多样性

（1）K匿名。

在不可关联性保护方面，泛化存在的固有风险是：如果泛化后的数据，等价类空间太小，甚至只有一个实体，那么这个数据仍然是可识别和可关联的，无法达成匿名化的效果。K匿名技术就是为了解决该类问题。

（2）L多样性。

在K匿名的基础上，新的风险可能会出现；即使K匿名的等价类空间足够大，但是同一个相同等价类所关联的敏感属性取值相同，我们还是可以识别每个个体的敏感属性。L多样性技术就是为了解决这类问题。

到了这一步，其实已经做了很大程度的匿名化努力，但是在理论上，还存在不少的问题。

K匿名技术实现了基于K匿名原理的度量能力（不含泛化能

力），交付模式为SDK交付。

……

（三）汽车个人信息保护关键技术

1.本地差分隐私

（1）技术介绍。

一个随机化算法M满足ϵ-本地差分隐私，当且仅当M对于任意的两个输入m_1，$m_2 \in D$，输出结果是S的子集的概率满足式：$P_r[M(m_1) \in S] \leqslant \exp(\epsilon) \cdot P_r[M(m_2) \in S]$，其中$\epsilon$为隐私预算，$D$为输入集合，$S$为输出结果的集合。

差分隐私保护是基于数据失真的隐私保护技术，采用添加噪声的技术使敏感数据失真但同时保持某些数据或数据属性不变，要求保证处理后的数据仍然可以保持某些统计方面的性质。传统的差分隐私方案大多为中心化的差分隐私方案，即数据通常都是由可信第三方添加噪声。但在实际应用中为了减少对可信第三方的需求，近年来也提出了一些去中心化的隐私保护方案，如本地差分隐私等。

本地差分隐私（Local Differential Privacy，LDP）是在基于不可信第三方的前提下，客户端在数据被收集和聚合前，在本地对数据进行差分隐私保护。本地差分隐私已经被谷歌、苹果和微软等公司广泛应用。但是相较于传统中心化差分隐私，本地差分隐私方案对数据添加的噪声更大，在面向数据统计时数据的可用性更低。

差分隐私是一种建立在严格数学理论基础之上的隐私定义，旨在保证攻击者无法根据输出差异推测个体的敏感信息，即差分隐私必须提供输出结果的统计学不可区分性。但是在任何差分隐私算法中，随机性都是不可或缺的，所以任何确定性算法都无法满足差分隐私保护的不可区分性。差分隐私仅通过噪声添加实现隐私保护，虽然不存在额外的计算开销，但是对模型数据的可用性仍然会造成一定程度的影响。

（2）适用场景。

可适用于基于高敏感/高影响的数据做统计目的的收集和处理场景（单维度）。

（3）技术成熟度。

已经有产品，并且经过少量商用。

差分隐私的保护目标是计算结果而不是计算过程。差分隐私的主要问题在于会对计算结果的准确度形成不可忽略的影响，针对某些对准确度不敏感的场景可行，但是对于诸如风险识别、人脸识别这类准确度要求较高的场景是难以接受的。

本地差分隐私则将计算方也视为不可信任的，数据在进入计算过程之前已加入噪声，因此本地差分隐私能够同时保护计算过程和计算结果。本地差分隐私引入的误差比差分隐私更大，而且更大的问题是本地差分隐私处理过的数据目前只能支持有限的统计计算，难以用于机器学习建模等复杂场景。

2.本地计算

本地计算的基本思想是不收集要保护的个人数据。本地计算也可以理解为：Data on Device。

实现如下策略：

业务本地化：将业务完全放到本地，例如 A 的 Siri，基本都是在本地处理数据。

本地训练：横向联邦学习中的本地训练（横向联邦学习实际上可以分为本地训练和模型聚合两个阶段；本地训练体现的是 Data on Device）；训练后只上报模型数据，不上报原始数据。

本地降级：例如基于多种敏感信息，计算设备信任分，然后只上报信任分结果，不上报原始信息，也可以理解为是数据在本地聚合/泛化后上报的方式。

本地计算隐私保护逻辑比较简单，这里不再展开。

3.匿名通信

（1）技术介绍。

Tor 是典型的匿名通信技术。为什么会有匿名通信，原因在于传统的匿名化技术，只是在数据层面（应用层）进行个人数据保护，主要的手段是数据隐藏、身份关联性阻断；但是如果攻击者基于网络 IP 进行身份跟踪，是很容易进行数据关联和身份关联的。

（2）原理介绍。

Tor 节点由志愿者提供，Tor 使用免费。在洋葱路由的网络中，消息一层一层地加密包装成像洋葱一样的数据包，并经由一系列被称作洋葱路由器的网络节点发送，每经过一个洋葱路由器会将数据包的最外层解密，直至目的地时将最后一层解密，目的地因而能获得原始消息。而因为透过这一系列的加密包装，每一个网络节点（包含目的地）都只能知道上一个节点的位置，但无法知道整个发送路径以及原发送者的地址。

（3）适用场景。

敏感数据的高强度匿名化保护。

（4）技术成熟度。

Tor 不能够直接商用，但是可以参考它构建类似的解决方案。

4.数据加密

数据加密的基本思想是基于密钥的管理，控制加密后数据的访问范围（基于目的），达成隐私保护的效果。Key on Device 是一种极端的数据加密情况。

（1）技术介绍。

原始明文数据虽然没有离开本地设备，但是数据的密文形态离开了本地设备，而加密该密文的密钥不随之离开、单独保存。这种情况依然保持了原始个人数据的机密性，通常用于满足存储或者传输的需要。

（2）适用场景。

一般适用于高敏感数据，用户对其数据要求有绝对的隐私权和控制权，不允许其他数据处理者接触或者使用明文数据。

敏感数据有存储或者传输的需求时，只能通过加密的形式。

（3）技术成熟度。

加密传输技术成熟并应用广泛。TLS协议和数字信封广泛应用于信息安全的各个领域。当业务有加密通信需求时，建议直接使用现有协议。

5.安全多方计算

（1）技术介绍。

安全多方计算（Secure Multi-Party Computation，SMPC）是隐私计算中的代表性技术，其最初由姚期智于1982年提出的"百万富翁问题"而来，它的描述性定义是针对无可信第三方的情况下，多个参与方基于安全协议执行协同计算操作并得到计算结果。换言之，在一个分布式的网络里面，多方参与实体各自都持有自己的私密输入，但是各方希望共同完成某一个函数的计算，而不把自己的数据泄露给其他参与方。

（2）适用场景。

a.数据集融合。

多方安全计算能在数据集上实现联合查询与统计分析、数据建模与预测、个人信息隐私保护、信息安全存储、数据流融合等应用。

b.数据资产化。

由于MPC能够为数据传递过程中的数据确权问题奠定技术基础，使数据的所有权和使用权合理剥离，因此企业或个人将会把数据视为一种重要的资产在数据市场上进行交易。在MPC的助力下，数据提供方可以规定数据的用途、用量、有效期等使用属性，数据的使用者在拿到数据后只能在授权范围内合理地使用数据，并能够将剩余数据的使用权再次转让给第三人。MPC技术将数据交易的本质由数据所有权转向数据使用权，保障原始数据所有者的权益。

（3）技术成熟度。

由于SMPC其可证明的安全性，除了最终的计算结果之外没有任何信息泄露。SMPC包含复杂的密码学操作，因此实现SMPC需要付出很大的性能代价，但对于一些复杂度较低的场景（如密钥管理、简单统计、线性模型等），SMPC已经能够在不少场景中取得可接受的应用效果。在计算场景较复杂（例如神经网络、GBDT等）时，SMPC的性能则仍然较差。SMPC的性能瓶颈主要是通信耗时，其性能进步不仅依赖于底层理论突破，还受到网络带宽、延迟等因素制约。

6.PSI隐私集合求交

（1）技术介绍。

隐私保护集合交集（Private Set Intersection，PSI）协议允许持有各自数据集合的两方执行双方集合的交集运算。PSI协议结束之后，一方或两方能够得到交集结果，但是双方都无法获知交集以外的对方集合数据的任何信息。

（2）适用场景。

在黑名单共享、营销匹配等现实场景中有广泛应用。

（3）技术成熟度。

PSI技术成熟，但在安全性、高效性、适用性、可扩展性等方面受到了巨大的挑战。PSI技术未来需要考虑威胁性更高的场景、考虑更多的参与方、面向新型场景构建PSI协议等因素。

7.同态加密

（1）技术介绍。

同态加密（Homomorphic Encryption，HE）是指满足密文同态运算性质的加密算法，即数据经过同态加密之后，对密文进行特定的计算，得到的密文计算结果在进行对应的同态解密后的明文等同于对明文数据直接进行相同的计算，从而实现数据的"可算不可见"。

全同态加密（Fully Homomorphic Encryption，FHE）是指一种

同态加密算法，支持对密文进行任意形式的计算；半同态加密或部分同态加密，英文简称为SWHE（Somewhat Homomorphic Encryption）或PHE（Partially Homomorphic Encryption）则是指支持对密文进行部分形式的计算，例如仅支持加法、仅支持乘法或支持有限次加法和乘法。一般而言，由于任意计算均可通过加法和乘法构造，若加密算法同时满足加法同态性和乘法同态性，则可称其满足全同态性。

（2）适用场景。

同态加密的概念最初提出用于解决云计算等外包计算中的数据机密性保护问题，防止云计算服务提供商获取敏感明文数据，实现"先计算后解密"等价于传统的"先解密后计算"。随着区块链、隐私计算等新兴领域的发展及其对隐私保护的更高要求，同态加密的应用边界拓展到了更为丰富的领域。

（3）技术成熟度。

由于部分同态加密仅能支持有限的密文计算深度，因此常将部分同态加密方案作为其他方案的组成部分进行应用。而全同态加密方案由于性能瓶颈，目前的研究大多聚焦于学术层面，尚无商用案例。

虽然针对隐私保护计算的关键技术研究已开展多年，但在规模化应用时仍然存在多项难点，如应用性能瓶颈、安全性证明、数据质量规范性差等问题。

8.可搜索加密

（1）技术介绍。

可搜索加密（Searchable Encryption，SE）是解决云存储中安全访问与检索加密云数据的一种流行技术，它使数据拥有者可以在不牺牲搜索能力的情况下，将其数据安全地外包给"半可信的"云服务提供商。可搜索加密按加密模型的不同可分为"可搜索对称加密"（Searchable Symmetric Encryption，SSE）和"带有关键词搜索的公钥加密"（Public-Key Encryption with Keyword Search，PEKS），前者是基于对称密钥设置，后者是基于公开密钥设置。

可搜索加密技术可以满足数据拥有者既可以确保个人隐私不被泄露又可以通过索引搜索到存储在云端的数据。可搜索加密技术可以达到只有合法用户才具备基于关键词检索的能力，提供了加密和检索两种服务。加密保证了数据拥有者信息的机密性，在数据传输过程和云端都不会被泄露；检索保证了数据拥有者自身的隐私，同时提供了查询检索功能。

（2）适用场景。

根据应用场景，SE机制可以分为三类：

第一类是数据所有者并不将数据共享给其他用户，而是独自拥有对数据的搜索的权利。

第二类是数据所有者允许其他经过认证后的用户对其数据进

行搜索。

第三类是多个数据所有者允许某个特定的用户对数据进行搜索。

（3）技术成熟度。

可搜索加密作为一种密码原语，其最大特点是不需要解密数据就能进行搜索得到需要的数据。SE技术可以根据其算法的特点、构造以及优势等不同被分为对称可搜索加密和公钥可搜索加密。对称可搜索加密算法的主要特点是计算开销少，运算高效，最主要的是该算法在整个执行过程中拥有相同的密钥，不适合多用户场景。公钥可搜索加密利用双线性映射来构造算法。该算法复杂，计算开销大。另外，该算法拥有公开密钥和私有密钥两种密钥，比较适合多用户场景。

9.联邦学习

（1）技术介绍。

联邦学习工作原理是：客户终端从中央服务器下载现有预测模型，通过使用本地数据对模型进行训练，并将模型的更新内容上传至云端。训练模型通过将不同终端的模型更新进行融合，以此优化预测模型，客户终端再将更新后的模型下载到本地，过程不断重复。在整个过程中，终端数据始终存储在本地，不存在数据泄露的风险。

根据训练数据在不同数据方之间的特征空间和样本空间的分

布情况，将联邦学习分为横向联邦学习（Horizontal Federated Learning，HFL）、纵向联邦学习（Vertical Federated Learning，VFL）和联邦迁移学习（Federated Transfer Learning，FTL）。

横向联邦学习：主要是指在各参与方的数据集特征重合较大，但是样本重合较小的场景下，对应的联邦学习模式称为横向联邦学习。横向联邦学习的本质就是通过扩充样本数目，实现基于样本的分布式模型训练，以此达到模型效果提升的目的。

纵向联邦学习：与横向联邦学习不同，纵向联邦学习适用于在参与方数据集的样本重合度较高，但是特征重合度较低场景下，对应的联邦学习模式。纵向联邦学习的本质是通过丰富样本特征维度，实现机器学习模型的优化。

（2）适用场景。

由于法规或商业机密等原因，很多行业的数据不能直接聚合用于训练机器学习模型，这些行业有金融、医疗、政务、教育、智慧城市、边缘计算、物联网（包含车联网）、区块链以及第5代（5G）移动网络等。联邦学习能够在满足隐私、安全、合规的前提下，使用分散于多方的数据构建共享和定制化模型的机器学习建模机制，在诸多领域都有广阔的应用前景。

（3）技术成熟度。

联邦学习过程中原始数据被隔离，数据不会泄露到外部，满足机器学习过程中用户隐私保护和数据安全的需求；能够保证模型质量无损，不会出现负迁移，保证联邦模型比割裂的独立模型效果好；参与者地位对等，能够实现公平合作；能够保证参与各方在保持独立性的情况下，进行信息与模型参数的加密交换，并同时获得成长。从数据安全和隐私保护的角度看，在联邦学习框架下，各参与方只交换密文形式的中间计算结果或转化结果，不交换数据，保证各方数据不出本地节点。同时，联邦学习可以通过同态加密、差分隐私、秘密分享等提高数据协作过程中的安全性。联邦学习的通信代价比SMPC低，但是其性能也在很大程度上受到网络带宽、延迟等因素制约。

10.机密计算

（1）技术介绍。

机密计算联盟将机密计算定义为"通过在基于硬件的可信执行环境中执行计算来保护数据应用中的隐私安全的技术之一"。为了减少机密计算环境对特有软件的信任依赖，机密计算重点关注基于硬件可执行环境的安全保证。机密计算在数据机密性、数据完整性和代码完整性三方面提供一定保护水平的环境。目前引入可信执行环境较为成熟的技术有ARM的Trust Zone和Intel的SGX（Software Guard Extensions）等。

（2）适用场景。

机密计算适用于保护各类敏感数据，应用场景广泛。可信执行环境与联邦学习（FL）、安全多方计算（MPC）是融合关系，可信执行环境可以在保护隐私数据的同时，保护 FL 模型和 MPC 算法，这样一方面可以防止攻击者通过对算法和模型的研究，逆向分析得到隐私元数据，另一方面还可以保护商业 IP。

（3）技术成熟度。

机密计算属于新兴技术，目标受众市场渗透率不到 1%。由于该技术比较新，而且它触及敏感数据，潜在客户很难确定其业务的有效用例。